CHRISTA MEVES

WAHRHEIT BEFREIT

Argumente für den katholischen Glauben gegen die
Anwürfe der Moderne aus psychologischer Sicht

W0235701

CHRISTIANA-VERLAG
STEIN AM RHEIN

Biographische Notizen

Christa Meves, geboren 1925. Studium der Germanistik, Geographie und Philosophie an den Universitäten Breslau und Kiel, Staatsexamen in Hamburg, dort zusätzliches Studium der Psychologie. Fachausbildung im Psychotherapeutischen Institut in Hannover und Göttingen. Freipraktizierende Kinder- und Jugendpsychotherapeutin in Uelzen. Arztfrau und Mutter zweier Töchter, 6 Enkel. 1974 Wilhelm-Bölsche-Medaille, 1976 Prix AMADE, 1978 Niedersächsischer Verdienstorden. 1979 Konrad-Adenauer-Preis der Deutschlandstiftung. 1985 Bundesverdienstkreuz erster Klasse. 1987 Konversion zum katholischen Glauben.
70 Buchpublikationen, Übersetzungen in 11 Sprachen. Gesamtauflage: 4 Millionen Exemplare.

Bildlegende und Fotonachweis:
1. Umschlagseite: Posaunenengel von Wilhelm Hegenauer,
Stiftskirche St. Katharina, Wolfegg, 1749
4. Umschlagseite: Fulda, Michaelskirche,
Die acht Säulen der Rotunde, hd-color 817/88

2. Auflage 1994: 6.–15. Tsd.
© CHRISTIANA-VERLAG
CH-8260 STEIN AM RHEIN/SCHWEIZ

Alle Rechte vorbehalten.
Satz und Layout: Christiana-Verlag
Druck: Bargezzi Druck AG, Bern
Printed in Switzerland

Die Deutsche Bibliothek - CIP-Einheitsaufnahme
Meves, Christa: Wahrheit befreit: Argumente
für den katholischen Glauben gegen
die Anwürfe der Moderne aus
psychologischer Sicht / Christa Meves.
– 2. Aufl., 6.–15. Tsd. –
Stein am Rhein: Christiana-Verl., 1994
ISBN 3-7171-0971-5

Inhaltsverzeichnis

Hütet euch vor den falschen Propheten,
die in Schafskleidern zu euch kommen,
inwendig aber reissende Wölfe sind.
An ihren Früchten werdet ihr sie erkennen.
Sammelt man etwa Trauben von Dornen
oder Feigen von Disteln?
So bringt jeder Baum gute Früchte hervor,
der schlechte Baum aber bringt schlechte Früchte.
Ein guter Baum kann keine schlechten Früchte bringen.
Jeder Baum, der keine guten Früchte bringt,
wird umgehauen und ins Feuer geworfen.
An ihren Früchten also werdet ihr sie erkennen.
Mt 7,15-20

Einführung: Die kritisierte Kirche

Das ist ein merkwürdiger Widerspruch: Es vergeht kaum eine Woche, ohne dass in den elektronischen Medien der katholische Glaube auf irgendeine Weise verhöhnt, lächerlich gemacht oder in Frage gestellt wird.

Wortführer einer innerkirchlichen Opposition, wie die Professoren für katholische Theologie Greinacher, Drewermann und Ranke-Heinemann, werden zu Medienstars hinaufstilisiert und verbreiten durch das ihnen breit zur Verfügung gestellte Medienforum Widerstand gegen die Kirche, ihre Struktur und ihre Lehre. Das bedeutet, dass sich in Millionen Hirnen unwidersprochen die Vorstellung einnistet, dass es vor allem der Katholizismus sei, der den freien Bürger unserer freien Demokratie immer noch an seiner Befreiung zur selbstbestimmten Autonomie zu hindern suche, dass vor allem Rom eine abschaffenswerte Bastion von Macht sei, die rigoros durch eine starre, reaktionäre Bevormundung den modernen Menschen hindere, sich auf den Pfad zu individueller Glückssuche zu begeben.

Während auf diese Weise derjenige Teil der Katholiken, der nicht mehr praktiziert, eine fulminante Beschwichtigung des meist doch noch unterschwellig schlechten Gewissens erfährt und so auch die Kirchenaustritte forciert werden, verhalten sich die katholischen Ortsgemeinden durchgängig geduckt passiv, und das, obgleich die vielfältigen Erfahrungen, Zahlen und Statistiken zeigen, wie sehr sich gerade heute gelebter katholischer Glaube im Alltag bewährt.

Ich habe mir deshalb vorgenommen, den modischen Diffamierungen entgegenzutreten mit dem Ziel, etwas zur Auflösung des von mir so benannten "Katholiken-komplexes" beizutragen. Ich möchte die ungerechtfertigte Befürchtung abbauen helfen, nicht mehr ganz up to date, nicht mehr fortschrittlich genug zu sein, wenn man sich heute noch an der katholischen Kirche orientiert.

Mit diesem Buch möchte ich das Gegenteil beweisen: dass gerade heute angesichts der Erfahrungen mit liberalistischen und marxistischen Grossexperimenten die Ausrichtung am Lehramt der Kirche eine überzeugende Bewährungsprobe bestanden hat und damit die angeblich "fortschrittlichen" Weltanschauungen als unrealistisch, ja, auf die Dauer als existenzgefährdend entlarvt worden sind. Und ich möchte erkennbar machen, dass das berechtigte Bedürfnis des Menschen nach lebendiger Erneuerung sich echt fortschrittlich gestalten lässt, wenn wir es mit dem Grossrezept des "neuen Weins in neuen Schläuchen" halten, das von jener Glaubenslebendigkeit getragen ist, die Jesus Christus uns anempfohlen hat.

Es soll deshalb zunächst der Versuch gemacht werden, eine Bilanz der Entstehungsgeschichte des feindseligen Geistes in den vergangenen zwanzig Jahren zu erstellen, um dann auf die Schwerpunkte in den Inhalten der Angriffe so einzugehen, dass die katholische Verteidigungsfähigkeit unterstützt wird.

Ein wesentlicher Auslöser für die neue Stossrichtung der Kirchenfeindschaft ist die gezielte marxistische Unterwanderung in der Bundesrepublik Deutschland ab 1968 gewesen. Stasi-gesteuert, vielfältig konspirativ und finanziell unterstützt, wurde von diesem Zeitpunkt ab sukzessiv der Plan zu verwirklichen versucht, mit Hilfe eines "Marsches durch die Institutionen" das Bewusstsein der hiesigen Gesellschaft so zu verändern, dass es für eine marxistisch-anarchistische Lebensform vorbereitet würde. Abschaffung aller Machtstrukturen (einschliesslich der von Staat und Kirche) gehörte zu den Grundpfeilern einer sogenannten "emanzipatorischen Pädagogik". Da der Vatikan nachdrücklich die Unvereinbarkeit des Christentums mit dem Marxismus artikuliert hatte, fiel mit Hilfe unterwanderter Ausbildungsinstitutionen bereits hier die hierarchische Struktur der katholischen Kirche einer besonders grimmigen Verdächtigung allgegenwärtiger Seelenbemächtigung anheim. Es wurde durch die siebziger und achtziger Jahre hindurch der priesterliche Gehorsam gegen die Oberen oft nicht mehr als ein Gemeinschaftsgehorsam für Gott verstanden, sondern der Vatikan und seine Institutionen wurden grundsätzlich als ein repressives Instrument zur Versklavung von Untertanen interpretiert.

Diese Stossrichtung machte anfällig für die Trends in der evangelischen Schwesterkirche; denn schliesslich war diese in gleicher Weise zersetzenden Bemühungen unterworfen. Gerade aber dadurch, dass hier an der Abschaffung von Hierarchie gar nicht erst angesetzt zu werden brauchte - das hatte Luther schliesslich bereits vor 500 Jahren erwirkt -, konnte der Angriff dort ungeschützt ins Proprium des Glaubens vorstossen: auf den transzendentalen Kern der Erlösungsreligion. Durch die sogenannte historisch-kritische Methode - avantgardistisch von den Professoren für die evangelische Theologie, Bultmann und Käsemann initiiert, ihres mystischen Charakters beraubt und auf den "Sozialreformer" Jesus von Nazaret reduziert - gelang hier eine fundamentale Zersetzung der Glaubenssubstanz und eine unverblümt marxistische Politisierung der evangelisch-lutherischen Kirche, die zu ihrer Entleerung führte.

Aber soweit der Aufstand gegen die römische Unterdrückung als Glaubensziel in jungen katholischen Hirnen gegriffen hatte, wurden auch sie anfällig für die Fehlinterpretation von Jesu Wirken - fand das doch in einem Rahmen statt, in dem die ersehnte Befreiung zur Demokratisierung der Kirche bereits erfolgt war. Nicht die wünschenswerte Vereinigung im Sich-Annähern an den gemeinsamen Gott bildete also die Grundlage dieser neuen ökumenischen Bestrebungen der jüngsten Zeit in Deutschland, sondern die indoktrinierte Vorstellung linkskatholischer Intellektueller, bald (ebenso wie einst die evangelischen Brüder und mit ihnen geschwisterlich vereint) die römische Fessel abzuwerfen. Die Weigerung, dem von Christus als Fels eingesetzten Petrus weiterhin zu gehorchen, stand schliesslich am Anfang der Reformation. Aber dieser 400jährige Versuch der lutherischen Kirche hat doch gerade heute den Beweis erbracht, dass das schliesslich zu einem Glaubensschwund irreversibler Art führt. Infolgedessen taugt es im Sinne von Christus, an den Früchten zu erkennen, gewiss zur Unterscheidung der Geister. Dass sich diese Entwicklung bereits als ungute Frucht erwiesen hat, fällt den Ideologisierten erstaunlicherweise nicht auf.

Ein weiterer dritter Keil dieser Stossrichtung bildete der atheistische Liberalismus - vertreten durch die Wortführer der Frankfurter Schule, besonders durch Herbert Marcuse. Seiner Lehre von der Dominanz des Rechts auf Selbstbestimmung eines verabsolutierten "Erlaubt ist, was gefällt", stand vor allem die eingrenzende Sittenlehre der katholischen Kirche in scharfem Kontrast entgegen. Die daraus resultierenden Agitationen, denen von der Koalitionsregierung SPD-FDP von 1969 bis 1982 mit Vorrang Tür und Tor uneingeschränkt geöffnet wurden, riefen eine gigantische Durchdringung mit liberalistisch-marxistischem Geist in den Medien, den Universitäten, Schulen und Bildungseinrichtungen, ja, sogar in vielen Priesterseminaren hervor. Das führte ebenso folgerichtig wie unausweichlich zu einem Verlust des katholischen Glaubens der Jugend und damit zu einer Dezimierung des Priesternachwuchses und setzte sogar schliesslich zu einer Unterwanderung der katholischen Frauenverbände an. Der marxistische Schwerpunkt, Ungerechtigkeit durch Gleichmachung von individueller Verschiedenheit aus der Welt zu schaffen, wurde als Hebel angesetzt, um auch die bisher so anpassungsbereiten katholischen Frauen zur Aufmüpfigkeit gegen das römische Patriarchat aufzuhetzen - auch dies, wie heute entlarvt ist, sogar ganz direkt durch bezahlte Stasibeeinflussung an die dort Wirkenden[1]. Diese tief bedenklichen Entwicklungen wurden durch den Zusammenbruch des Ostens zwar jäh unterbrochen, führten aber nicht zu einer Abklärung und Wende, im Gegenteil: Besonders unter den Kirchenkritikern in den Medien sind oft unverbesserliche Sympathisanten mit der "edlen Idee des Sozialismus" (Günter Gaus). Ihre Götter Marx und Lenin haben zur Zeit zwar mächtig an Glanz eingebüsst, und Angriffe auf ihren Hauptfeind, die bourgeoise Gesellschaft, wollen zur Zeit nicht so recht greifen. Umso erfolgversprechender scheint es deshalb aber zur Zeit zu sein, den Schwerpunkt des Kampfes auf Rom zu verlagern.

Der Boden zu weiterer Zersetzung im Kirchenvolk ist auf diese Weise gut vorbereitet. Sorgsam wird die Erkenntnis unterdrückt, dass die katholische Kirche in diesem Jahrhundert zum zweiten Mal dem Ansturm einer barbarischen Ideologie nachdrücklich widerstand. Aber eben gerade das schürt den Hass und die Bemühung um Verführung zum Unglauben von möglichst vielen Seelen durch Medienmanipulation. An dieser Weiche stehen wir, und ich möchte im Folgenden schlaglichthaft sichtbar machen, mit welchen Lügen welche zentralen Glaubensinhalte unterminiert werden sollen.

Bevor ich damit beginne, möchte ich aber noch einmal betonen, dass das hier Vorgetragene keineswegs auf von mir ausgedachten Meinungen beruht. Die Analyse fusst vielmehr auf wissenschaftlicher Grundlage und lässt sich in einschlägigen Standardwerken nachlesen. Genannt seien hier nur: "Die Pädagogik der neuen Linken" von Wolfgang Brezinka[2], "Die Problematik um das Frauenpriestertum vor dem Hintergrund der Schöpfungs- und Erlösungsordnung" von Manfred Hauke[3], "Plädoyer für die Kirche", hrsg. von Michael Müller[4], "Die Wirklichkeit der Frau", hrsg. von Evelyne Sullerot[5], "Die feministische Versuchung und die Antwort der christlichen Frau" von Ingeborg Hauschildt[6], "Eins plus eins ist eins" von Christof Gaspari[7] "Das Drama des Homosexuellen" von Gerard van den Ardweg[8]. Und auch die neuen erhellenden Werke der Marxismusforscher Konrad Löw[9] und Klaus Motschmann[10] nach der Wende kann ich zur Vertiefung und Erhellung nur nachdrücklich empfehlen.

Heilige Hierarchie statt Demokratisierung der Kirche

Da ist also zuerst der so lautstark artikulierte Ruf nach Demokratisierung der Kirche, das heisst nach Abschaffung ihrer Hierarchie. Aber die Hierarchie der Kirche abzuschaffen, heisst letztlich Gott zu entthronen, heisst (und in der historisch-kritischen Methode geschieht das auch) den Absolutheitsanspruch der Dreifaltigkeit anzuzweifeln. Wenn Gott nicht mehr als der Allmächtige, als der im Weltenregiment Sitzende gesehen wird, hat der Statthalter Mensch keine Chance, nicht binnen kurzem seinem ursündhaften Grössenwahn à la Adam und Eva zu verfallen. Im 20. Jahrhundert hat uns gerade dieses das marxistische Regime vorexerziert!

Von einer Einsetzung gestufter Bevollmächtigter spricht das Evangelium im Gegensatz dazu ebenso wie von unterschiedlicher Beauftragung und Beurteilung einzelner Dienste der Menschen durch Gott in einem Gefüge, in dem sich alle als selbstlos Dienende im Auftrag Gottes an der einen Aufgabe, die Liebe in der Welt zu mehren, verstehen. Dafür ist eine hierarchische Stufung ohnehin ganz gewiss die effektivste, weil die Berufungen nach den spezifischen Begabungen erfolgen, die ausserdem im Dienst aller stehen und dadurch ihre Legitimation und ihre Immunität gegen egozentrische Selbstbehauptungsimpulse und den aus dieser Ureinstellung entspringenden Neid erhalten. Gesunde Kirche kennt keinen Neid, weil der gemeinsame gleichwertige Dienst für Gott darüber erhebt. Wer wirklich in Gemeinschaft zu Gott unterwegs ist, dem ist es nicht wichtig, ob er der erste oder der letzte in der Reihe ist. Der einfache Beter, der Alte, der Kranke kann - wenn er für Gott gläubig brennt - hier ebenso wertvoll sein wie ein höchster Würdenträger. Und er kann in dankbarer Freude daran partizipieren, dass ein berufener Pfarrer, ein heiligmässiger Bischof und ein paulinischer bzw. petrushafter Papst ihm vorangehen; denn er weiss durch Christus, dass unser Gott den einzelnen allein nach seiner Glaubensstärke und dem Einsatz seiner Fähigkeiten wertet. Er kann sich also als ein getreulich Glaubender, seines Wertes vor Gott ohne neidische Eskapaden im tiefsten Seelenfrieden gewiss sein.

Mir ist natürlich bewusst, dass es auch für uns Christen schwer ist, diesen Status zu haben bzw. zu halten, so dass manche Gemeinden doch eher Hühnerhöfen gleichen, in denen gehackt und gekrallt wird, in denen der Neid und damit auch das Bedürfnis, die Oberen zu entthronen, immer wieder die Oberhand gewinnen. Aber dagegen hilft doch eine starke bewusste Bemühung um Busse, die Bitte um Christi Gnade, gemeinsames Gespräch und immer erneutes Bemühen und eine Kultivierung des Miteinanders im Geist der Liebe und des gemeinsamen Ziels. Gewiss gibt es auch Missbrauch - Missbrauch von Macht durch die Oberen. Das bedarf gewiss der Eingrenzung; aber die gezüchtete Allergie gegen Machtmissbrauch kann den Sinn von Hierarchie nicht entkräften. Entwicklungspsychologisch ist Hierarchie darüber hinaus sogar auch ein natürliches Prinzip. Ein kleiner Ausflug in die Psychologie soll das verdeutlichen.

Exkurs

Der lernende Mensch ist auf möglichst nahe kleinstufige Vorbilder angewiesen. "A-huh, a-huh", ruft z. B. der einjährige Daniel am Fuss der Treppe mit ausgestreckten Ärmchen seinem dreijährigen Bruder nach, der sie gerade hinaufgesprungen ist. Das will heissen: "Auch hoch" - ich will - wie er und ihm nach - dort auch hinauf.

Das Kind demonstriert so die mächtige Wirkkraft des Nachahmungstriebes, dieses uns alle so aktivierenden Motors. Wie alle Antriebe hat er ein Ziel: Von den Voranlaufenden, den bereits durch Könnerschaft Gekennzeichneten zu lernen, und von ihnen zum Streben nach Entfaltung und Höherentwicklung motiviert zu werden. Das Objekt des Nachahmungstriebes ist das Vor-Bild. Weil der Mensch als lernendes, sich entfaltendes, hochstrebendes Wesen konzipiert ist, ist er infolgedessen von der Wiege bis zum Grabe auf Vorangehende angewiesen.

Mit Mimik und Vokalisation übernimmt natürlicherweise im ersten Lebensjahr die Mutter diese Aufgabe, danach zunächst - soweit vorhanden - das jeweils ältere Geschwister. Jedenfalls zeigt die Praxisbeobachtung häufig, dass es im Hinblick auf ein massvolles Strebetempo günstig ist, ältere Geschwister zu haben, die durch einen nicht zu grossen Abstand im Lebensalter durch die Kindheit hindurch als gewissermassen kleinstufiges Vorbild einen wirkungsvollen Einfluss auf den Nachläufer ausüben.

Älteste und Einzelkinder, denen der tägliche Umgang mit einem wenig älteren "Vor-Läufer" fehlt, sind nämlich dagegen genötigt, sich an den hohen Erwachsenen allein zu orientieren. Deshalb sind sie manchmal extrem leistungsbemüht, unter Umständen aber auch verkrampft erfolgreich. Und immer wieder zeigt besonders das Schicksal von Söhnen sehr erfolgreicher Väter, dass sie durch das übergrosse Vorbild entmutigt werden und in ein müdes Versagen zurückgleiten.

Ähnliches lässt sich häufig auch in Konfessionsformen beobachten, die jegliche kirchliche Hierarchie ablehnen. Das Bemühen um einen ganz unmittelbaren Kontakt zu Jesus Christus allein, eine minutiöse Gemeinschaft mit ihm, nachdem der Adept "Jesus sein Leben übergeben" hat, kann diesen überfordern, so dass er zunächst in eine verkrampfte Bemühung gerät und später nicht selten in eine resignierte Erschlaffung zurückfällt.

Eine Vergleichsmöglichkeit bietet auch die gelegentlich verzögerte Entwicklung bei Nachkömmlingen in einer Geschwisterreihe. Nachzüglerschaft kann zu Bequemlichkeit verleiten; denn die Älteren in der Familie neigen dann eher dazu, sich nach den Wünschen der Kleinen zu richten. Sie beugen sich oft mehr oder weniger gewissermassen zu ihnen zurück, statt ihnen voranzulaufen und ihnen Vor-Bild zu sein. Sie hindern sie so am Training des Nachlaufens, was die Entfaltung verzögern, ja im schlimmsten Fall zu blockieren vermag.

Bereits diese unterschiedliche Prägbarkeit durch die jeweilige Stellung in der Geschwisterreihe verdeutlicht den positiven Einfluss eines kleinstufigen hierarchischen Gefüges auf die Entfaltungsmöglichkeiten des Menschen. Eine übertragbare Situation ergibt sich im Bereich der Gemeinde, wenn der Pfarrer oder auch der Dechant, der Weihbischof und der Bischof sich nicht als die vorbildlich Vorangehenden verstehen, sondern sich kumpelhaft verhalten, als seien sie gleichrangig. Das entspricht nicht den innerseelischen Bedürfnisse der grundsätzlich nach oben strebenden Gemeindemitglieder. Es entsteht so nicht Aktivierung, sondern eher Erschlaffung und eine diffuse Unzufriedenheit. Besonders in den evangelischen Gemeinden, in denen sich der Pastor auf dem Boden einer eingelernten Gleichheitsideologie so verhält, sind solche Phänomene zu beobachten.

Im Laufe der Kindheit und Jugend beginnen dann die Vorbilder zu wechseln und sich zu differenzieren. Zunehmend bekommen jetzt Fremdpersonen Vorbildfunktion. Aber auch noch im Erwachsenenalter bedarf der Mensch der Vorbilder.

Viele Menschen erwählen heute Vorbildträger mit oberflächlichen Wertigkeiten: Öffentlich angesehene Personen, die durch ihre Erscheinung und ihren aufwendigen Lebensstil imponieren. Die Mode des Zeitgeistes legt hier Unkonventionelles, Aus- und Auffälliges, Genüsslich-Nonchalantes, bis zur Koketterie mit Gewaltsamkeit und Terrorismus, bis zur Identifikation mit Hooligan- und Punk-Bossen als Vorbilder nahe. Aber es gibt noch - wenn auch eher in verschwiegenen Nischen - das Suchen nach Vorbildern in der Geschichte, in der Heiligenverehrung und in den Würdenträgern der Kirche, ja manchmal auch noch im Papst.

Aber wie auch immer hier heute allergrösste Unterschiedlichkeit der Auswahl geschieht - allemal zeigt sich in der Durchgängigkeit des Nachahmungsbedürfnisses ein auch für das Menschengeschlecht geltendes Naturgesetz: die hierarchische Angeordnetheit seines Lebens. Das ist sinnvoll: Der Nachahmungstrieb spornt zur Entfaltung an und verhilft - wenn die Vorbilder nicht, wie heute häufig, pervertiert sind - den angelegten

Begabungen zur Verwirklichung, so dass sie im Gemeinwesen in einer angemessenen Gestaltungsform eingesetzt werden können.

Bei den höheren Tierarten ist dieses Prinzip klar ablesbar: Der mit der grössten körperlichen Kraft rangelt sich in fortgesetzten Ausscheidungskämpfen nach oben und wird Boss - und das keineswegs zu Unterdrückungszwecken, sondern weil auf diese Weise die Gemeinschaft (besonders der Nachwuchs) optimal beschützt werden kann. Zum Alphatier gehört zwar immer auch ein Mehr an Privilegien, aber diese stehen im Dienst der Verpflichtung zur Verantwortung für die Gemeinschaft. Sie werden durch die Ranghöhe mitgeliefert. Und selbst das uns so unsympathische kämpferische Konkurrieren hat in diesem Ordnungssystem einen Sinn: Es ermöglicht das Ausscheiden der zu wenig Starken und das Abtreten des Altersschwach-Gewordenen.

Dass wir Menschen noch weitgehend den Naturgesetzen unterliegen (weil wir wie die Tiere und Pflanzen Geschöpfe im Schöpfungsgeschehen sind), möchten wir zwar gerne verleugnen, um uns eine Autonomie vorzugaukeln, die wir nicht haben; das macht uns aber auch dumm, weil es nur durch die Kenntnisnahme des real Gegebenen möglich wird, unter der Einbeziehung des Kreatürlichen, uns der Vorherrschaft der Natur in uns zu entheben, in Regionen einer partiellen Freiheit von ihrer blinden Zwangsläufigkeit vorzustossen und uns unserer Erlösungsbedürftigkeit gerade dadurch erst bewusst zu werden.

Bei der hierarchischen Ordnung wird das besonders deutlich: Auch die hierarchischen Strukturen unserer

Gesellschaften sind auf ihre Selbsterhaltung und Konkurrenzfähigkeit hin angelegt, und es wäre in höchstem Mass sinnvoll, z. B. die Regierungsanwärter in gezielten Ausbildungen einem Auswahlsystem zu unterstellen, das die Fähigsten für die Übernahme der so differenzierten Führungsaufgaben durch gezielte Auslese herausfilterte. Nicht nur Körperkraft wie bei den Tieren ist hier schliesslich gefragt, sondern eine sehr spezifische politische Befähigung wie Durchsetzungskraft, Ausdauer, Unverletzlichkeit, Überblick, Spontaneität, strategische Begabung, Intuition, Menschenkenntnis, vor allem aber Verantwortungsbewusstsein, gewissenhafteste Selbstlosigkeit und nimmermüde Einsatzbereitschaft. Durch eine bewusste Anerkenntnis unserer Unterworfenheit unter die natürlichen Hierarchiegesetze bestünde hier gewiss viel mehr Aussicht, ein führungsfähiges Parlament zu erstellen, als durch das jetzige Verfahren eines blinden, oft noch ganz brutalen tierischen Gerangels um die höheren politischen Ränge nach Platzhirsch-Manier.

Dieser kleine entwicklungspsychologische Exkurs mag es uns erleichtern zu verstehen, dass die hierarchische Ordnung der katholischen Kirche für jedes einzelne Gemeindemitglied ein sinnvolles pädagogisches Prinzip auf seinem Weg zu Gott ist. Aber tiefer und anders noch als die Ontogenese und die weltlichen Ordnungssysteme muss Kirche hierarchisch sein - zwecks erhabenem Sinn: Die gestufte Verantwortung der Hirtenämter setzt elitäre Filterung, setzt sorgsame Auswahl der Geeigneten für die schweren Leitungsaufgaben voraus - gewiss hier nicht nach Dohlen- oder Wolfsnatur - sondern durch hervorragende Ausbildung und sorgsame Erwägung bei der Besetzung der Ämter.
Aber da es sich auch hier um überpersönliche Verant-

wortung, da es sich dazu um Berufungen zu höchsten geistlichen Diensten handelt, kann dergleichen niemals durch Mehrheitsbeschlüsse von Laien herbeigeführt werden. Die Besetzung der hohen Kirchenämter setzt heiligmässige Erwähltheit von Jesus Christus voraus und kann deshalb nur von der Kirchenleitung sorgsamst ertastet werden. Dieses Procedere grundsätzlich mit Machtmissbrauch gleichzusetzen, verkennt die Begnadung, die daraus erwachsende Wirkmächtigkeit und die aus der Verantwortung entspringende Berechtigung zu dieser inneren hierarchischen Ordnung im Gefüge der Kirche.

Als "Heilige Herrschaft" ist das Wort "Hierarchie" - aus dem Byzantinischen kommend - für die Rangordnung in der sich konstituierenden Frühkirche in Gebrauch genommen worden. Aber anders als bei den weltlichen Hierarchien, deren Rangfolge ausschliesslich von unten nach oben verläuft, versteht sich die "Heilige Herrschaft" der katholischen Kirche eben als eine beauftragte von Christus an seine Jünger (Joh 20, 23) mit einer hierarchischen Vorrangstellung des Petrus (Mt 16, 18) und einer Trennung zwischen Laien und Klerikern. Diese allein sind durch die Weihe in die direkte Weitergabe des göttlichen Auftrages gestellt. Sie sind Berufene.

Sie sind damit von den "Kindern der Welt", die "heiraten und sich heiraten lassen" (Lk 20, 34; 1 Kor 7, 33-34) abgehoben. Ja, mit der "Heiligen Herrschaft" der Kirche wird - allem weltlichen Gerangel um Vorrang und Führungsmacht entgegen - in Übereinstimmung mit der Offenbarungsaussage des Neuen Testamentes eine das Naturgesetz der Rangordnung überkrönende Hierarchie konzipiert: Eine von oben nach unten, eine aus der göttlichen Gnade fliessende Heiligungs- und Heilsmöglichkeit, die über die himmlisch Erwählten und

Geweihten schliesslich sogar den in seine rohe Geschöpflichkeit eingebundenen Menschen zu erreichen vermag und ihn zur Aufwärtsbewegung motiviert.

Von der Natur diktiert kann der Mensch zwar seine Begabung gegebenenfalls zur weltlichen Vorrangstellung ausbauen, er stösst damit aber grundsätzlich an eine Grenze seiner Befähigung. Zu seiner eigentlichen Bestimmung, der religiösen, muss er von dazu Berufenen in einem hierarchischen Mittlersystem abgeholt und angenähert werden (s. auch die Aussage der Jakobsleiter Gen 28, 12).

Die Hierarchie der Kirche vermittelt eine Anschauung dieser Annäherung. Sie erhebt bereits beim einfachsten Amt einen elitären Anspruch an ihre Amtsträger und kennzeichnet die Erhebung des Menschen über den Status seiner kreatürlichen Geschöpflichkeit hinaus als den besonderen Weg seines Menschseins. Geistliche Hierarchie ist für die Menschen unaufgebbar, weil sie in der Tiefe ihrer Seele - ihrer Bestimmung gemäss - mit dem Streben nach kreatürlich hohen, nach weltlichen Rängen allein nicht zufriedenzustellen sind. Die Sonderstellung des Menschen, die ihm durch seine Fähigkeit zur Agape und zum Bewusstsein zugewiesen ist, lässt ihn immer neu auf die Suche nach Vorbildern gehen, die ihm persönliche Annäherung an den Gott der Liebe durch Kult und Vorbild ermöglichen.

Deshalb ist die Geistlichkeit, deshalb sind die Würdenträger grundsätzlich in hierarchischer Stufung die Voranschreitenden zur höchsten Hoheit des Allerheiligsten. Deshalb entspricht die Stufung zu Altar und Tabernakel sinnfällig analog dieser inneren Struktur. Weil das Naturgesetz der Rangordnung den Unterbau in der menschlichen Entwicklung bestimmt, kann eine Stufenfolge dem Menschen auch noch bei seiner geistlichen Entwicklung dienlich sein; denn auch hier ist die kleinstufige Annäherung organischer als religiöse Praktiken, in denen ohne Zwischenstufen unmittelbarer Kontakt mit Christus oder gar durch meditative Versenkung mit Gott gesucht wird. Die Übereinstimmung mit den Lernschritten der Kinder in der Geschwisterschaft kennzeichnet die geistliche Hierarchie als die angemessenere Annäherungsform. Der Vorgang entspricht dem Urbild der Erschaffung des Menschen: genommen aus Erde (von unten!), haucht Gott ihm (von oben!) seinen Odem, den Geist der Liebe, ein. Im religiösen Bereich ist der hoffnungslos kreatürliche, hoffnungslos schwache Mensch also letztlich auf die Segnung von oben, auf das Empfangen, und nicht auf das Selbst-Durchbeissen und Ellenbogen-Gebrauchen angewiesen.

Dass das Wort "Hierarchie" heute besonders im Hinblick auf die Kirche und traurigerweise manchmal sogar bei einigen ihrer Zugehörigen zu einem Reizwort werden konnte, zeigt, dass diese Zusammenhänge vernebelt und unkenntlich gemacht worden sind. Die Versuche, die katholische Kirche zu "demokratisieren", verkennen, dass das Volk niemals Träger von himmlisch bevollmächtigter Kirche sein kann. Es kann keine katholische "Kirche von unten" geben. Unten herrscht auch heute in jedem von uns immer noch die Erde. "Unten" zeigt uns die Natur immer neu ihre zwar von Gott zunächst eingesetzte Übermacht, die aber nach Gottes Plan auf unserem Planeten nicht die allein Herrschende bleiben soll. Kirche von unten führt deshalb sehr schnell dazu, dass Bemächtigung und Machtmissbrauch das Feld zu beherrschen beginnen - viel zerstörerischer, als das bei gelegentlichen "kreatürlichen" Auswüchsen innerhalb einer gesunden kirchlichen Hier-

archie möglich sein kann (die innerhalb der Kirchengeschichte schliesslich reichlich passiert sind).

Wer sich als Insider gegen die Macht eines Gott
getreuen Papstes aufzubäumen bemüssigt fühlt, kennzeichnet sich damit nicht als einer, der sich in der
Gefolgschaft des Herrn befindet und sich "seiner schlecht-
hinnigen Abhängigkeit von Gott" (Schleiermacher) noch
bewusst ist, sondern er markiert sich als ein Renegat -
ganz im Sinne des alten Adam und seines virulenten
Nachfolgers im 19. Jahrhundert: Karl Marx, des Advo-
katensohns aus Trier. Die Mächtigen zu entmachten, um
durch Gleichrangigkeit aller Menschen paradiesische
Zustände zu erwirken, kann das Ersehnte nicht erreichen, weil die Entmachter der Versuchung zum egoisti-
schen Missbrauch der Macht nicht entkommen. Sie
pflegen regelmässig zu weltlich-politisierender Bemäch-
tigungstendenz zu entarten. So schwach ist nun einmal
der Mensch.
Die Kirche, die sich unter dem Anprall des Entmach-
tungsgeschreis der Renegaten ihre Hierarchie vermie-
sen lässt und dazu ansetzt, sie zu nivellieren, schwächt
sich in dem Ausmass, wie sie das zulässt. Pfarrgemein-
deräte, die die Kirche dadurch zu verändern suchen, dass
sie mit ihrem Gemeindepfarrer mit ihrem kleinen ange-
massten Machtwillen um jede Glühbirne Forkelkämpfe
ausfechten, bis er entnervt das Handtuch wirft, sind in
der Tat "Kirche von unten"; aber nicht mehr im Dienst
ihrer "Heiligen Herrschaft", sondern in dem des Versu-
chers. Pfarrer und Kapläne, die meinen, Volksverbun-
denheit zu erreichen, indem sie die sie kennzeichnende
Kleiderordnung aufgeben und den Schlabberlook der
Mode bevorzugen, bringen sich durch Anbiederung um
die ihnen von Jesus Christus eingehauchte und durch die
Weihe vermittelte Vorbildfunktion.

Gewiss, sie werden in dieser ihrer so herausgehobenen, so anspruchsvollen Aufgabe als schwache Menschen, die sie nun einmal bleiben, immer wieder auch offenbar machen, dass sie dem so hohen elitären Dasein nicht alle gewachsen sind. Das ist aber kein Grund, sich unter Mediengeschrei entmutigen zu lassen. Das gelegentliche Schwachwerden der Jünger ist bereits in den Berichten der Evangelien dargelegt und von Christus mit auf sein Kreuz genommen worden.

Erst der gezielte kämpferische Widerstand gegen die heilige Ordnung, die uns durch den alleinigen Herrn in unserer Schöpfung per Offenbarung eingegeben wurde, erst die alte Dummheit, selbst sein zu wollen wie Gott und es besser und anders machen zu wollen als ER, erst die prometheische Wut gegen das unerreichbar scheinende Allerheiligste beschwört regional Vernichtung der Struktur herauf. Freilich geschieht das immer nur in zeitlichen Begrenzungen. Urchristliche Formen entstehen immer wieder neu, weil sich die Wahrheit, die im "Leib Christi" lebt, nicht dauerhaft eliminieren lässt. Sie hat ewige Gültigkeit. Deshalb lässt z. B. auch die Schrift "Die himmlische Hierarchie" des sich Dionysius Areopagita nennenden Kirchenvaters (um 500 n. Chr.) erahnen, dass die Einbindung in eine kreatürliche und eine geistliche hierarchische Ordnung nicht nur den Bedürfnissen des Menschen während seines Entwicklungsganges im Diesseits angemessen ist, sondern auch eine Entsprechung im Jenseits hat. Mit Goethe dürfen wir annehmen, dass auch im Hinblick auf das Phänomen Hierarchie "alles Vergängliche ein Gleichnis ist". Rührt die feierliche hierarchisch geordnete Prozession unserer kirchlichen Hochfeste vielleicht deshalb die Herzen so tief an, weil in ihr ein Abglanz überirdischer Wahrheit sichtbar wird? Sowohl der persönliche Schutzengel des

Tobias und des Psalmisten wie die Engelscharen der Jakobsleiter und des Weihnachtsgeschehens bis hin zu den mächtigen Erscheinungen des Erzengels Gabriel lassen hier unterschiedliche Stufungen erkennen. Der katholische Volkskatechismus von 1926 bekundet ausdrücklich: "Nicht alle Engel sind gleich; es gibt neun Chöre oder Rangordnungen der Engel... Die Rangordnung der Engel richtet sich nach den von Gott empfangenen Gaben und nach den von Gott zugewiesenen Verrichtungen. Einige Engel verherrlichen Gott mehr, andere dienen ihm mehr (Dan 7, 10). In der nächsten Nähe des göttlichen Thrones sind die Seraphim, d. h. die Brennenden, weil sie von Liebe zu Gott gleichsam glühen; nach ihnen kommen die Cherubim, die sich wieder durch grosse Erkenntnis der göttlichen Geheimnisse auszeichnen. Ausser diesen erwähnt die Heilige Schrift oft die Erzengel."[11] Es ist, als ob ein liebender Gott das grosse pädagogische Erfolgsrezept, das Lernen in kleinen Schritten an angemessenen Vorbildern, vorgegeben hat. Deshalb dürfen besonders wir katholischen Mütter uns an die Mutter Gottes als eine uns und gleichermassen dem Herrn Nahe halten, die uns sowohl durch ihre kreatürliche Wärme wie durch ihre himmlische Reinheit zum Vorbild und zur ansprechbaren Person zu werden vermag. Deshalb können wir durch den uns Menschen nahen und dennoch so erhaben anbetungswürdigen Hirten Jesus Christus einen Zugang zur erhabenen Hoheit des Höchsten finden.

Denn Gott beschenkte uns mit der Menschwerdung seines Sohnes wohl gerade auch deshalb: Damit wir dem uns voranschreitenden Christus folgen und uns nach ihm ausrichten können. Aber wenn wir - erschreckt durch den hohen Anspruch seiner Zuweisungen - verzagt zurückweichen möchten, haben wir Katholiken das grosse Glück, uns nach den kleinstufig Voranlaufenden und doch schon so befähigten "Grossgeschwistern" in der Gestalt der bevollmächtigten Priesterschaft ausrichten zu dürfen.

Die Entfaltungsnotwendigkeit des Menschen, sich nach Vor-Bildern im wahrsten Sinne des Wortes auszurichten, kann uns lehren, dass auch in diesem unserem Zusammenhang Goethes Schlusspassage seines Faustdramas - diese Quintessenz seines Lebens - zutrifft. Die heilige Hierarchie der Kirche beruht wirklich auf der Wahrheit Gottes. Gläubigem Kirchenvolk unterwegs zu Gott ist es angemessen, sich an denen, die ihm unmittelbar und greifbar nahe vorangehen, auszurichten und ihnen im überpersönlichen Dienst deshalb auch vertrauensvoll zu gehorchen. Das schmälert die Freiheit der Laien nicht, wenn ihnen der Grundansatz bewusst ist: dass alle sich im Licht einer sie verbindenden Liebe von Gott und für Gott befinden. Eigentlich können die marxistischen Kategorien hier deshalb gar nicht greifen. Sie sind unzutreffend, wenn Kirche sich so versteht, wie sie von Christus angewiesen und von Paulus und der Urgemeinde vorgelebt wurde.

Die Frau in der Christusnähe statt Rückkehr zu Eva

Zu dem zweiten Reizthema, der Stellung der Frau in der Kirche, hat es in den vergangenen dreissig Jahren eindrucksvolle Verlautbarungen aus dem Vatikan gegeben - ich denke nur an die Enzyklika Redemptoris Mater unseres Papstes Johannes Paul II. und an die zahlreichen Verlautbarungen der Synoden zu diesem Thema. Dennoch vergeht in den Medien kaum ein Tag, an dem nicht die katholische Kirche gerade in Bezug auf ihre Haltung zur Frau schärfstens attackiert wird und zu vielerlei Verunsicherungen besonders auch gut katholischer weiblicher Gemeindemitglieder führt, so dass die Pfarrer herausgefordert sind, diesem frontalen Ansturm zu begegnen. Und das können sie natürlich nur, wenn sie - durch Argumente bestärkt - von der in ihrer Kirche vertretenen Einstellung wirklich überzeugt sind.

Hier Schützenhilfe zu geben, will deshalb mein Anliegen in diesem und den folgenden Kapiteln sein. Und das soll von meiner fachlichen Warte her vor allem mit Hilfe einer Verstärkung der katholischen Einstellung durch Argumente aus der geschlechterpsychologischen Forschung, aber auch durch meine praktische Erfahrung im Alltag einer christlichen Psychotherapeutin geschehen. Das geht gewiss auch nicht ohne eine Interpretation biblischer Aussagen unter Zuhilfenahme psychologischer Ausdeutung. Freilich kann das nicht heissen, dass ich jetzt à la Drewermann versuche, die Katholiken mit C. G. Jung eines Besseren zu belehren. Vielmehr scheint hier geradezu gegenteilig eine sehr bewusste Abwehr von Grenzüberschreitungen bei dieser Thematik notwendig, um den Aussagen des Offenbarungsbuches zu entsprechen.

Als erstes ist es im Zuge dieses Bemühens notwendig, sich der modischen Kritik zu stellen: Wird die Frau in der katholischen Kirche unterbewertet und unterdrückt? Der zentrale Vorwurf lautet, die Kirchengeschichte sei von einem Patriarchalismus, das heisst, durch die seit Jahrtausenden verbreitete Anschauung einer grundsätzlichen Überlegenheit und damit begründeter Vorherrschaft von Männern über Frauen gekennzeichnet. Patriarchalismus aber sei "aus dem Bösen"; denn in der Kirche hätten Männer bestimmt, welche Rollen Frauen in ihr spielen sollten und nicht spielen dürften, so dass - bedingt durch die Macht der Kirche - im Abendland die Frauen überall benachteiligt werden konnten. Die Unterdrückungskirche "Männer für Frauen" müsse deshalb heute einer paritätischen Öffnung zu allen kirchlichen Diensten für beide Geschlechter - einschliesslich des Priesterdienstes - weichen. Diese Rückständigkeit - allein nur noch in der katholischen Kirche verhaftet - bedürfe dringend der längst fälligen Revision, da diese den Mann als Haupt, die Frau als Untergebene festschreibe. Die Frau des zwanzigsten Jahrhunderts habe aber alle Unkenrufe reaktionärer Wissenschaftler, die zum Beispiel die These "vom physiologischen Schwachsinn des Weibes" am Beginn dieses Jahrhunderts vertraten, in den vergangenen Jahrzehnten widerlegt. Die Frau habe vielmehr seit der emanzipatorischen Öffnung zur Berufstätigkeit und zum Akademikertum bewiesen, dass sie dem Mann an geistigen Fähigkeiten in nichts nachstehe. Allein die katholische Kirche zeige nicht die notwendigen Konsequenzen aus diesen Erfahrungen, ja, sie halte durch eine rigide Sexualmoral an der "Falle Mutterschaft" als einer dominanten Aufgabenstellung der Frau fest und erzeuge so heute durch die in der modernen Frau hervorgerufenen Konflikte jede Menge sogenannter ekklesiogener Neurosen. Besonders der

Zölibat erwüchse auf dem Boden dieses Dominanzanspruches des Mannes in der katholischen Kirche und diene so in überholter Weise einer Benachteiligung und Diskriminierung der Frau.

Diese Behauptungen bedürfen einer eingehenden Untersuchung und einer sachlichen Auseinandersetzung. Als erstes sollte die pauschalierende Übertreibung zurückgewiesen werden. In der katholischen Kirche sind mit grosser Selbstverständlichkeit viele Frauen in verantwortungsbewussten Stellungen hauptamtlich tätig: Als Lehrerinnen, Schuldirektorinnen, Äbtissinnen, Redakteurinnen, Journalistinnen, in der Erwachsenenbildung, als Gemeindereferentinnen, als Helferinnen der Pfarrer, als Organistinnen, als Radiosprecherinnen am Radio vaticana und weltweit in den missionarischen Diensten. Und die ehrenamtlichen Tätigkeiten der Frauen in der katholischen Kirche gar sind schlechterdings unzählbar. Es ist unnötig, sie im einzelnen aufzuführen. In all diesen Stellungen sind die Frauen (von geringfügigen Ausnahmen abgesehen) in hochgeachteter Gleichrangigkeit mit den Männern tätig und sehr allgemein dankbar anerkannt. Die Behauptung "frauenfeindliche Männerkirche" erweist sich so als eine pauschalierende Unterstellung. Ihr sollte mit Verve entgegengetreten werden.

Dennoch darf nicht verkannt werden, dass die Kritik an der Stellung der Frau in der katholischen Kirche ein Stück sperrige Wahrheit enthält. Praktizierende Katholiken sind heute wohl in fast allen Gemeinden, zumindest in der Bundesrepublik Deutschland, mehrheitlich Frauen. Und auch die Bereitschaft zu Laiendiensten in den Gemeinden, das heisst zu freiwilliger aktiver ehrenamtlicher Mitarbeit, ist ebenfalls unter den Frauen meist grösser als unter den Männern. Und dennoch haben sie in der Gemeinde grundsätzlich nicht die Führung. Nicht einmal zum Predigtdienst in der Messe sind sie zugelassen. Und ihr Dienst als Ministrantin und Kommunionhelferin scheint eher geduldet als eigentlich lehramtlich erwünscht. Öffnet man das Ohr dann gar noch einer feministischen Durchleuchtung der Kirchengeschichte, so lassen sich die Hexenverbrennungen und die ihnen vorausgehenden Folterungen von Frauen als eine bedrückende Erblast der Kirche und eine berechtigte Bestätigung der Vorwürfe festmachen. Die geschichtlichen Fakten und der Augenschein in der Gegenwart lassen den Ruf nach einer Veränderung, die im echt christlichen Geist den Frauen in der Kirche endlich gerecht werden möge, als zutreffend erscheinen. Und gänzlich an den Rand gedrängt erscheint die katholische Position, wenn nun gar die Kritik feministischer Theologinnen untermauert wird, indem das Bewusstsein der Frauen für ihre Unterdrückung und Benachteiligung in der Kirche mit biblischen Argumenten geweckt und emotional aufgeheizt wird, etwa indem das Wort der Genesis: "Und er soll dein Herr sein" - nicht als Gottesgebot an Eva, sondern als listige Erfindung einer machthungrigen Priesterkaste gesehen wird, und der Satz des Paulus: "Mulier taceat in ecclesia" als Festschreibung der Frauenfeindlichkeit in der Kirchengeschichte gebrandmarkt wird.

Diese Vorwürfe der modernen Frauenrechtlerinnen haben durch die Nachprüfbarkeit und den Augenschein ihrer Argumente einen Plausibilitätsvorsprung. Sie sind eben eingängig; aber - und das sollte man im Blick behalten - diese oberflächliche Evidenz hat sie mit jeder ideologischen Theorie gemeinsam, die sich Hoffnung auf Ausbreitung machen kann. Emotional nachvollziehbarer Missstand entwickelt grundsätzlich die notwendige aggressive Schubkraft durch den Ruf nach Veränderung an einem - so scheint es - unhaltbar gewordenen Zustand der Ungerechtigkeit.

Veränderung des Bewusstseins, das heisst die Erzeugung von Wut über eine bisher noch nicht erkannte, nun durchleuchtete Benachteiligung, ist aber in den letzten Jahrzehnten das schlichte Grundrezept zur Verbreitung des Marxismus, zur Verhetzung und Aufwiegelung der Massen gewesen. Das Unzufriedenmachen der Frauen gehörte deshalb sehr generell zu dem marxistischen Procedere im Zuge der vielen Märsche durch die Institutionen, und die Kritik an der Stellung der Frau in der katholischen Kirche hat nachweislich hier, das heisst im antichristlichen Konzept dieser atheistischen Pseudoreligion, ihren Ursprung. Als erstes ist es deshalb nötig, Aufwiegelung durch das Verallgemeinern eines immer auffindbaren, vereinzelten Missbrauches von Macht als eine ausserordentlich wirksame Masche des imperialistischen Marxismus zu durchschauen. Das Erkennen von Benachteiligung löst nämlich ohne Reflexion grundsätzlich den Verteidigungsmechanismus des Selbstbehauptungstriebes, und das heisst eine Bereitschaft zur kämpferischen Aggression gegen das vermeintliche Unrecht, aus. Es ist das grosse Verdienst des katholischen Theologen Manfred Hauke und seiner Dissertation "Die Problematik um das Frauenpriestertum vor dem Hintergrund der Schöpfungs- und Erlösungsordnung", 1982 in Bonn erschienen, die marxistische Wurzel der feministischen Theologie mit ihrer kämpferischen Kritik an der Stellung der Frau in der katholischen Kirche aufgedeckt zu haben. Dieses Werk sei Pflichtlektüre. Schlagkräftig der virulenten Kritik an der Kirche zu begegnen, das ist nur möglich, wenn man die zum Christentum absolut divergierenden Grundlagen und

Ziele der marxistischen Ideologie wirklich voll durchschaut und ausgeleuchtet hat.

Wie sich die marxistische Wurzel mit einer liberalistisch-atheistischen des Existentialismus als Grundlage der heutigen antichristlichen und damit antikirchlichen Kritik vereinte, lässt sich besonders eindrucksvoll aus den avantgardistischen Schriften der Feministin Simone de Beauvoir ablesen.

Zur Erhellung dieser Zusammenhänge nur ein Sartre-Zitat: "Wenn der Mensch, so wie ihn der Existentialist begreift, nicht definierbar ist, so darum, weil er anfangs überhaupt nichts ist. Er wird erst in der weiteren Folge sein, und er wird so sein, wie er sich geschaffen haben wird. Also gibt es keine menschliche Natur, da es keinen Gott gibt, um sie zu entwerfen. Der Mensch ist lediglich so, wie er sich konzipiert - ja nicht allein so, sondern wie er sich will und wie er sich nach der Existenz konzipiert, wie er sich will nach diesem Sich-Schwingen auf die Existenz hin; der Mensch ist nichts anderes als wozu er sich selbst macht."[12]

Auf dieser Theorie einer verabsolutierten Selbstbestimmung baut Simone de Beauvoir in ihrem Buch "Das andere Geschlecht" mit der These auf: "Man kommt nicht als Frau zur Welt, man wird es"[13] und entwickelt daraus das heute wirksam gewordene Frauenbefreiungsprogramm mit der Schlussfolgerung, dass allein die Vermännlichung der Frau sie von der Unterdrückung durch den Mann zu befreien vermöchte. Aus dieser Zielsetzung entwickelt sich die Tendenz, die Frau vom "Mythos des Ewig-Weiblichen" und damit auch aus der "Falle Mutterschaft" konsequenterweise selbst durch das Tötungsrecht am ungeborenen Kind zu befreien[14].

Die Vertiefung in die absolut antichristlichen Wurzeln der modischen Kritik in Bezug auf die Stellung der Frau in der katholischen Kirche ist unerlässlich, wenn man zur Verteidigung der katholischen Position hinreichendes Rüstzeug sucht. Weiteres dazu tut sich aber vor allem in reicher Fülle auf, wenn wir uns auf das christliche Menschenbild, wenn wir uns vor allem auf das Frauenverständnis, das Christus uns selbst vermittelt hat, stützen. Wenn die feministischen Theologinnen zwar gern aus dem Mann Jesus eine Jesa Christa konstruieren möchten, so ist es doch bisher keiner von ihnen gelungen, Christus patriarchalisch zu schimpfen - zu eindeutig durchbricht er die im Judentum übliche extreme Zurückhaltung den Frauen gegenüber. Die Einstellung von Jesus Christus zu den Frauen bedarf deshalb zunächst einer ausführlicheren Erörterung.

Jesus lässt sich auf seinem Weg von Frauen begleiten, die ihm bis zum Kreuz nachfolgen. Er führt mit ihnen Gespräche und stellt sie durch seine nachdrückliche Betonung der Einehe auf Lebenszeit gegen die Neigung der Männer zur Polygamie unter seinen besonderen Schutz.

Es sind nur wenige Frauen, die in den Evangelien namhaft gemacht und hervorgehoben werden. Verhältnismässig gross ist die Zahl derjenigen Frauen, denen er als Heiler begegnet.

Mit dem samaritischen Weib führt er ein längeres Gespräch und bietet ihr, die in ihrem Leben viele Männer gehabt hat, sein alle Liebessehnsucht stillendes Lebenswasser, seine Gottesliebe, an, ja, er offenbart sich ihr als Messias und verheisst ihr sogar ewiges Leben, wenn sie sein Angebot annimmt. Und sie, die Fremde, zeigt Gespür für die tiefe Bedeutung der seltsamen Rede des Unbekannten am Brunnen, indem sie in den Ort eilt und Christus über Israels Grenzen hinaus so gewissermassen die Bahn bricht, dadurch, dass sie ihn als Propheten bekannt macht, so dass viele Samariter hellhörig werden, ihn aufnehmen und durch sein Charisma gläubig werden.

Mit dieser Samariterin beginnt sich als erstes der Auftrag voranlaufender überregionaler Verkündigung an die christliche Frau abzuzeichnen. Er findet seine machtvolle Fortsetzung in der auszeichnenden Erstbegegnung der Frauen mit Christus nach seiner Auferstehung. In allen Berichten des Evangeliums sind es Frauen, die als erstes feststellen, dass das Grab leer ist und denen durch den Engel die Nachricht zuteil wird, dass Christus auferstanden ist (Mt 28, 1-8; Mk 16, 1-8; Lk 24, 1-12; 19, 23; Joh 20, 1-2).

Frauen sind es, die der verängstigten Jüngerschaft diese atemberaubende Kunde zuzutragen haben, und es ist eine Frau, Maria Magdalena, der sich der Auferstandene direkt offenbart. Dennoch ist interessanterweise und trotz dieser so ausdrücklichen Bevorzugung der Frauen im Heilsgeschehen sogar noch jenseits des Todes bei Jesus etwas zu spüren von einer notwendigen Distanzierung des nun himmelwärts strebenden Christus von der Menschenfrau: "Halte mich nicht fest" (Joh 20, 17), sagt er zu Maria Magdalena. Und das heisst in direkter Aussage: Banne du, Frau, den Geist nicht im Erdhaften fest.

Gleichzeitig erfährt die Frau aber in der Gestalt der Maria Magdalena die Freude einer über den Tod hinausreichenden besonders nahen Verbindung zu Jesus Christus. Ja, sie erhält den Auftrag des Verkündens seiner ebenso realen wie geheimnisvollen mystischen Gegenwart.

Mit Hilfe ihrer intuitiven Glaubensbegabung, die Christuswahrheit zu bekunden und weiterzutragen - das ist seitdem über zweitausend Jahre hinweg zum Magdalenenauftrag der christlichen Frau geworden.

Bei genauerer Vertiefung zeigt sich also, dass in der Beziehung Christi zu den Frauen und der Frauen zu Christus etwas sehr Besonderes ist, das sich als unvergleichlich mit seiner Verbindung zu den Männern erweist. Ein Paradoxon zwischen Distanzierung einerseits und inniger glaubenstiefer beschützender Nähe andererseits. Bemächtigung aus den Urbereichen der Erdmutter, der Magna mater, wird in den beiden Worten "Was willst du von mir, Frau" (Joh 2, 4), und "halte mich nicht fest" (Joh 20, 17), abgewiesen. Weibliche Schutzlosigkeit und Krankheit, auch im moralischen Bereich, wird hingegen beschützt und geheilt. Innig werden selbst Frauen mit Vergangenheit in die Glaubenswahrheit und das Glaubensleben (siehe die Sünderin und die Ehebrecherin), ja sogar in das Verkünden berufen (siehe das samaritische Weib und Maria Magdalena).

Nirgendwo scheint bei Jesus auch nur ein Hauch von Erotik oder gar Sexualität in der Beziehung zu den Frauen auf. Was hier in modernen Phantasien auftaucht, muss als unverständige Unterstellung erkannt werden. Jesus hatte einen Offenbarungsauftrag seines Vaters zu vollziehen, und der heisst: Gott Vater ist ein Gott des liebenden Geistes. Seine Liebe umfasst die Kreatürlichkeit des Menschen; sie will und darf sich aber nicht von ihr fesseln lassen, ja, seine Geist-Liebe will die Vorherrschaft der Natur samt all ihrer unbarmherzigen Macht über Krankheit und Tod überwinden. Deshalb wird jenseits seiner Kindheit diese Ewigkeitskraft Gottes von Jesus in überirdischer Absolutheit und nicht in irdischer Männlichkeit gelebt. Bei dem Begründer unserer Kirche und seiner Lehre lässt sich also weder von Chauvinismus noch von Männlichkeitswahn irgendetwas entdekken.

Dass diese meine Deutung nicht psychologisch überinterpretiert ist, geht ganz besonders schön aus der Beziehung von Jesus zu dem Schwesternpaar Martha und Maria von Bethanien hervor.

Von diesem Schwesternpaar hören wir in drei Geschichten: Bei Lukas 10, 38-41 wird die Geschichte von der unterschiedlichen Bewertung der beiden Frauen als Gastgeberinnen des Herrn bekundet, als zweites werden bei Johannes 10, 11-40 die Dialoge vor der Auferwekkung ihres Bruders Lazarus durch Christus berichtet, und als drittes ist von ihnen noch einmal bei Johannes 12, 1-8 die Rede, als Jesus ein letztes Mal bei den Freundinnen in Bethanien einkehrt und sich vor seiner Passion von Maria die Füsse salben lässt.

Es wird dort ausdrücklich betont, das Martha die eigentliche Gastgeberin ist. Martha nimmt Christus in ihr Haus auf. Martha kocht und bedient, so beide Evangelisten Lukas und Johannes. Und dennoch bleibt Maria, die dem Herrn zu Füssen sitzt und zuhört, die ihm schliesslich sogar die Füsse mit ihrem Haar trocknet, nachdem sie kostbares Öl für diesen Dienst verwendet, die auch erst den letzten Anstoss zur Auferweckung des Bruders gibt, die eindeutig Bevorzugte. Auch hier wird - merkwürdig provokant - der Vorwurf der Martha, ihre Schwester Maria helfe ihr nicht genug, in derjenigen Art zurückgewiesen, wie uns das durch die Evangelisten bei Christus verschiedentlich bekannt gemacht wird. Aber es soll hier doch nicht Missachtung des Hausfrauendienstes und damit Benachteiligung der Frau festgeschrieben werden, sondern es soll in grösserer Dimension einer Überbewertung des Materiellen entgegengewirkt werden. Es wird gewissermassen bekräftigt: Der Geist, die Liebe, die Gottesanbetung sind ein Schritt über die Materie, die Versorgung aller Leiblichkeit hinaus. Die Distanzierung zu Martha gehört in die Kategorie der biblischen Aussagen, die die Einordnung des Kreatürlichen unter die Dominanz der Agape anempfehlen. Sie erwächst aus einer horchbereiten Gottesnähe, einer Haltung, wie sie an der bereits reiferen Schwester Maria vorgestellt wird.

Aber mehr noch kann uns dieses Beispiel lehren: Erst hören, erst horchen, erst Christus fragen, erst zu Gott beten, dann handeln, dann caritativ sein, dann kochen, dann versorgen - so sollte für die Gläubigen auch heute die Devise heissen. Erst sich durchtränken mit dem Geist der Liebe und dann erst den Armen helfen, ist die richtige Abfolge. Das wird besonders beim Gespräch von Jesus mit Judas während seiner Salbung durch Maria ganz entschieden ausgesagt (Joh 12, 1-8).

Feministische Interpretationen, die meinen, "der abgewerteten" Martha zu ihrem Recht verhelfen zu müssen, sollten deshalb nicht verunsichern. Im Gegenteil: Gerade die christliche Frau heute sollte die eigentliche Weisung von Christus ganz ernst nehmen; denn der sich supermodern gebärdende Zeitgeist neigt ohnehin dazu, das soziale Engagement zu überbewerten und die Anbetung hintanzustellen. Längst aber hat unsere Zeit erfahren müssen, dass dieses abermals ein Weg zum Glaubensverlust ist; denn jener Geist, der der Sozialarbeit den höchsten Rang verleihen will, und das Horchen nach oben nicht mehr braucht, wirkt wie eine verwöhnende Mutter auf die Menschen, macht diese faul, träge, anspruchsvoll und so egoistisch, dass sie nur noch Forderungen stellen und nicht mehr einsehen können, wozu auch Bemühungen um Gottesnähe sinnvoll sind. Die Verabsolutierung der sozialen Idee allein, ohne Gott gar, macht die Menschen zu unmündigen Säuglingen, die mit ihren Riesenansprüchen zuerst die Gesellschaft und schliesslich auch sich selbst ruinieren. Christliche Verantwortung für die Zukunft zu leben heisst deshalb, sich dem Frauengeist der Maria aus Bethanien zu unterstellen und zu akzeptieren, welche unaufgebbare Voraussetzung der Dienst an der Schöpfung hat: Die Haltung des hörenden Kniens, wie die Maria aus Bethanien es tat. Besonders sie als die aufmerksam Zuhörende, als die durch Christi Wort beglückt Empfangsbereite, kann uns Vorbild sein, so dass durch diese gerade bei Frauen oft besonders ausgebildete Eigenschaft der Dienst an der Gemeinde, in der Teilnahme an der Heiligen Messe und im Empfang der Kommunion eine besondere Qualität erhält.

Liebende Horchbereitschaft, um die göttliche Botschaft aufzunehmen, um sie dann, hingerissen von der Grösse der Anrufung, bedingungslos zu akzeptieren - das gehört also seitdem zum Grundwesen echten Frauenglaubens, wie es vor allem anderen in dem "Fiat mihi" der Mutter des Erlösers angesichts der Verkündigung für die gläubige Frau aller Zeiten zum Vorbild geworden ist. Diese Radikalität der Empfangsbereitschaft, besonders sinnträchtig ausgesagt auch in der Bejahung von Mutterschaft, hat, wenn sie als eine direkte Anrufung Gottes verstanden wurde und wird, durch die zweitausendjährige Geschichte hindurch den Glaubenscharakter von christlichen Frauen bestimmt und sie millionenfach zu Aktivitäten auch in der Kirche geführt. Führungsansprüche sind dabei an die Kirche nicht gestellt worden, weil Anspruch, Konkurrenz, Prestige und Macht zu dieser Einstellung des bedingungslosen empfangsbereiten Gottgehorsams divergieren, so dass ichhafte

Wünsche dadurch oft geradezu eliminiert werden. Die Liste der heiligen Frauengestalten in der Geschichte der Kirche unterstreicht diese Wahrheit. Man denke nur an die heilige Katharina von Alexandrien, die durch die Erleuchtung des Hl. Geistes jene widerlegen konnte, die zu ihrer Verurteilung dasassen. Der Ruhm der hl. Hroswitha von Gandersheim aus dem 10. Jahrhundert ist unverblasst, ebenso jener der hl. Hildegard von Bingen, der hl. Elisabeth von Thüringen, der hl. Seherin Maria von Agreda, der zur Kirchenlehrerin erhobenen hl. Teresa der Grossen. Viele heilige oder auch nicht kanonisierte Ordensgründerinnen haben mit ihren Nachfolgerinnen Grosses zur Ehre Gottes und zum Heil der Menschen gewirkt. - Gott hat immer wieder heilige Frauen als Mystikerinnen und Seherinnen erzogen und auserwählt: die Dienerin Gottes Anna Katharina Emmerich, die hl. Katharina Labouré, Teresa von Avila, Bernadette von Lourdes und Lucia von Fatima. Sie wurden so gross, weil sie Gottes Ehre und nicht ihre eigene Ehre suchten. Sie und viele andere haben der Kirche ohne jeden Herrschaftsanspruch ruhmreich gedient. Und in den Unterstellungen der Feministinnen wird es vergessen zu erwähnen, mit wieviel Dankbarkeit die Kirche das Andenken dieser grossen Frauen bewahrt und ehrend pflegt.

Das soll freilich nicht heissen, dass mir nicht bewusst wäre, dass es immer auch einmal wieder falsches heuchlerisches Scheinchristentum unter Frauen gab und gibt, ja, dass besonders berufene Frauen in hohe Stellungen zum Beispiel als Äbtissin, als Oberin eines Krankenhauses, als Schuldirektorin, als Caritatsvorsitzende der Versuchung der Machtanmassung doch auch erliegen können und im schlimmsten Fall wirklich quälerisch die ihnen Untergebenen zu unterdrücken und zu erniedrigen vermögen, ja diese Entartung kann bei Frauen unter Umständen von ganz besonderer Penetranz sein. Aber über missbräuchlicher Machtanmassung von Frauen liegt bei den Feministinnen ohnehin der Schweigemantel der Verdrängung. Einseitig wird allein die Unterdrückung der Frauen durch Männer und ganz besonders durch Männer der Kirche angeprangert.

Aber an den biblischen Frauengestalten wie an der abendländischen Geschichte zeigt sich nun auch etwas, das die Berechtigung zur Differenzierung der Funktionen von Männern und Frauen in der Kirche besonders aufscheinen lässt: Männer und Frauen sind in der Tat von Grund auf verschieden, und zwar nicht - wie Simone de Beauvoir und ihre Nachfahrinnen keck und falsch behaupten - lediglich durch eine die Frau der Verkümmerung aussetzende Mannunterdrückung. Die moderne Forschung weiss neu differenziert um eine angeborene hirnorganisch und hormonell bedingte Verschiedenheit der Geschlechter. Der grosse Satz der Genesis: "Als Mann und als Frau schuf er sie", hat im zwanzigsten Jahrhundert eine neue Bewahrheitung erfahren.

Ein Exkurs aus diesem Forschungsbereich soll helfen, die Position der katholischen Kirche zu untermauern.

Das für unser Thema heute Bedeutsame besteht vor allem darin, dass die meisten Unterschiedlichkeiten bei jenen Eigenschaften zu verzeichnen sind, die bei der Frau für die Pflege junger Kinder, beim Mann für führende Aufgaben besonders wichtig sind. Diejenigen Untersuchungen, die hier von klärender Bedeutsamkeit sein können, haben gravierende Unterschiede der Geschlechter bereits bei Neugeborenen erbracht. Diese haben in der Auseinandersetzung der Standpunkte ein besonderes Gewicht - sind doch vor allem Säuglingsuntersuchungen in der Lage, die Vorstellung der Feministinnen zu widerlegen, dass psychische Geschlechterunterschiede allein durch Erziehung, bzw. durch Repression der Mädchen im Laufe ihrer Kindheit hervorgebracht würden. Deshalb sollen diese Forschungsergebnisse in diesem Zusammenhang noch etwas ausführlicher referiert werden.

Exkurs

Schon männliche und weibliche Säuglinge nehmen unterschiedlich wahr. Die Mädchen zeigen bereits zwischen dem zweiten und fünften Lebenstag eine grössere Hautgleitfähigkeit, eine grössere Empfindlichkeit des Tastsinns. Auch ihr Geruchs- und ihr Geschmackssinn sind von Geburt an feiner. Sowohl deutsche wie amerikanische Forscher berichten, dass Säuglingsmädchen auf akustische, die Knaben besser auf visuelle Signale antworten. Aus der stärkeren akustischen Ansprechbarkeit der Säuglinge entwickelt sich eine grössere Lärmempfindlichkeit bei Frauen. Bedeutsam und wissenschaftlich einwandfrei abgesichert ist die bereits früh einsetzende grössere Sprachbegabung der Mädchen. Der Wiener Psychologe C. Gaspari referiert: "Schon ab dem dritten Lebensmonat äussert sich die weibliche Überlegenheit zunächst darin, dass Mädchen früher zu plappern beginnen und später rascher und besser reden lernen." Auch hier wiederum werden die Unterschiede mit zunehmendem Alter deutlicher und treten vor allem ab dem zehnten Lebensjahr besonders in Erscheinung. Auch das verbale Gedächtnis der Frauen ist besser.

Worin drückt sich die besondere Begabung des weiblichen Geschlechts aus? Im Vorschulalter dadurch, das Mädchen besser artikulieren und einen besseren Satzaufbau verwenden. In der Schulzeit kommt eine bessere Rechtschreibung dazu und zunächst eine Überlegenheit in der Grammatik und beim Lesen. Bei zehn- bis zwölfjährigen Mädchen stellt man einen grösseren Wortschatz und eine grössere Wortgewandtheit fest.

Sowohl in der Schule als auch bei älteren Jugendlichen haben die Forscher ein anderes Interessenspektrum beim weiblichen Geschlecht festgestellt. So interessieren sich Mädchen mehr für Musikerziehung und Religion, für Bastel- und Handarbeiten, Lesen und Aufpassen auf kleinere Kinder. Bei den älteren Jugendlichen verstärkt sich das - auch hier mehr weibliches Interesse beim Zeichnen, Malen, Erlernen eines Musikinstruments, Dichten, Gestalten, Schauspielern und weniger musisches Interesse bei den Jungen. Deren Hauptinteresse konzentriert sich auf naturwissenschaftliche und technische Probleme und Diskussionen darüber.

Festgestellt wurde darüber hinaus: Frauen interessieren sich mehr für die Beziehung zwischen Personen und Objekten und für das Besondere an Erscheinungen. Sie sind anpassungsfähiger innerhalb eines vorgegebenen Rahmens. Männer können bei vielfältiger Information eher vom Nebensächlichen absehen, sich auf Details konzentrieren und Informationen strukturieren. Sie haben mehr Interesse für das Allgemeine und neigen zu objektiver Darstellung. Die Vorstellung von der angeborenen Gleichheit der Geschlechter kann also den zur Zeit rasch fortschreitenden Forschungsergebnissen nicht standhalten. Und besonders eindrucksvoll scheint es mir zu sein, dass die wesentlichen Unterschiede eine spezifische Eignung für die Mutteraufgabe zu ermöglichen scheinen. Die Frauen bringen mehr Voraussetzung mit, um den natürlichen Bedürfnissen der Kinder gerecht zu werden. Sie haben eben angeborenerweise die grössere Hellhörigkeit.

Die Erforschung der Dominanz dieser urmütterlichen Fähigkeiten bei der Frau war dringlich, um intuitivem Wissen gegen gefahrenreiche ideologische Verunsicherungen wieder Gehör verschaffen zu können.

Insgesamt ist die Erkenntnis tief beeindruckend, dass das entscheidende Anderssein der Frau genau diejenigen Gebiete betrifft, die zur Befähigung optimaler Kinderpflege und zum Umgang mit Kindern erforderlich sind. Diese Präferenzen beziehen sich anscheinend nicht nur auf die Versorgungsmöglichkeit von Kindern allein. Die grössere Duldsamkeit, die grössere emotionale Ansprechbarkeit, das stärkere musische und religiöse Interesse der Frauen prädestinieren sie zu einer unaufgebbar wichtigen Stellung in der Kirche: Als das besonders empfangsbereite, als das besonders tief und innig betende Gemeindemitglied.

Gerade die moderne wissenschaftliche Geschlechterpsychologie bestätigt also mehr und mehr, dass die mütterlichen Eigenschaften der Frau auch für ihre Stellung in der Kirche ein höchst wichtiges Timbre haben. Besonders verstärkt wird das gewiss, wenn sie tatsächlich Mutter ist, aber weit darüber hinaus ist die besondere Befähigung zur empfangs- und hingabebereiten Liebe eine Eigenschaft, die sich zentral und unaufgebbar in die Gemeinde einbringen lässt, so dass die Frau zu einer spezifischen Repräsentantin von Kirche schlechthin werden kann.

Aber die moderne Geschlechterforschung beweist so ganz im biblischen Sinn nicht nur die Besonderheit für die zur Mütterlichkeit befähigenden Eigenschaften der Frau, sondern sie bestätigt auch die Brauchbarkeit spezifisch männlicher Eigenschaften für die führenden Aufgaben vom Mann gewissermassen für verantwortungsbewusste geistliche Vaterschaft auch im Dienst der Kirche. Da er ein sehr viel stärkeres Bedürfnis nach Aktivität, nach Ausweitung, Führung und Durchsetzung hat, da er körperlich stärker ist, ist er auch als Wegbahner der Kirche unterwegs, ja, deshalb ist er auch als der Fortzeugende und Austeilende des himmlischen Mannas natürlicherweise von seiner inneren Struktur her besser geeignet. So wie es deshalb besser ist, wenn der Mann den Schutz der Familie übernimmt als die Frau allein, so prädestinieren ihn seine männlichen Eigenschaften mehr dazu, ebenso den Schutz des Tabernakels wie den Schutz der Gemeinde zu übernehmen.

Und es ist eine zersetzende Unterstellung marxistischer Ideologen, die Führungsfähigkeit der Männer grundsätzlich als egoistische Unangemessenheit und Machtanmassung zu verteufeln.

Hat man diese unterschiedlichen Akzente in den Begabungen und Interessen der Geschlechter erst einmal als eine sinnvolle geschöpfliche Zuordnung verstehen gelernt, so fällt es einem geradezu wie Schuppen von den Augen, wie nahtlos in diese Vorgegebenheiten sich die Tatsache einfügt, dass Jesus für den radikalen Jüngerdienst seiner Nachfolge allein Männer berufen hat. Der Mann ist zu dieser immer neu nötigen Pionierarbeit, zu diesem, der Gemeinde voranschreitenden Dienst, besser geeignet. Er kann sich auch - wie die Radikalität der Nachfolge es nun einmal erfordert - leichter als die Frau von Familienrücksichten lossagen. Er ist nicht emotional und vital in die Pflege um nahe Personen so eingebunden wie die Frau. Die Forderung Jesu Christi, die Familie, selbst die allernächsten Personen total hinter sich zu lassen - ist in dieser nachdrücklichen Radikalität deshalb auch kein Auftrag, der von

Christus an uns Frauen ergeht, sondern eine Forderung, die im Evangelium allein Männern - zum Beispiel zweien seiner Jünger bei ihrer Erwählung - zugerufen wird. Diese Form der Nachfolge wird den Frauen eben nicht abgefordert, und das ist - wie neuerdings unterstellt wird - keine Benachteiligung, sondern ebenfalls eine Grosstat der Liebe, weil das Verlassen der Familie ein Verzicht ist, den unser Gott uns Müttern nicht zumutet.

Die Aufgabe der Frauen im Schöpfungsgeschehen wie auch in der Kirche sind dadurch nicht im mindesten ungewichtiger, aber sie sind durch ihre Prägung auf Mütterlichkeit anders, ja, sie haben in der heiligen Übereinstimmung mit dem Gottesauftrag, Mutter alles Lebendigen zu sein, eine direkte Beziehung zur Heiligkeit der Gottesmutter: Ihre Unaufgebbarkeit als Vorbild wird ganz besonders durch die Erkenntnisse der Entwicklungspsychologie bestätigt. Wir wissen heute, dass die sorgsame, leibnahe Pflege für das Neugeborene, den Säugling und das Kleinkind durch die Mutter von der grössten Bedeutsamkeit für eine spätere seelische Stabilität des herangewachsenen Menschen ist. Das törichte Zerbrechen dieser Unmittelbarkeit zwischen der Mutter und dem hilflosen Kind durch leichtfertige Künstlichkeiten in den Gepflogenheiten (Abtrennung des Neugeborenen von der Mutter in den Säuglingszimmern der Kliniken, künstliche Ernährung, Kinderkrippen, viele wechselnde Bezugspersonen) ist eine der Hauptursachen für die jetzt in den Industrienationen epidemisch auftretenden seelischen Erkrankungen, wie Depressionen, Verwahrlosung und Süchte aller Art. Im Lichte der modernen Erkenntnisse aus der Entwicklungspsychologie und der Psychotherapie lässt sich schliessen, wie dringlich für die Menschheit das göttliche Vorbild der Mutter Maria mit dem Jesus-Kind ist. Es ist nicht irgendein dummer Zufall im künstlerischen Geist des Abendlandes, dass die Maria so tausendfach gemalt, gemeisselt, geschnitzt und gegossen worden ist und sie so zentral im Bereich der Kirchenkunst steht. Maria soll den Menschen auch vermitteln: So wie sie das göttliche Kind umgibt, sind die hilflosen Neugeborenen als kostbare Himmelsgabe zu halten. So, nur so erfährt das Kind die Speise, ohne die es kein lebenskräftiger Mensch wird: Die Speise der leibnahen Liebe. Durch leichtfertige Änderung dieses Grundkonzepts verkommt der Mensch zu einer seelischen Schwachheit, an der er schliesslich zugrunde geht. Die heilige Familie ist eine unaufgebbare Anweisung des Heiligen Geistes an die Menschen. Wer glaubt, dieses Urmodells nicht mehr bedürftig zu sein, vernichtet zuerst das eigene familiäre Gedeihen, schliesslich aber auch das Gedeihen ganzer Gesellschaften, wie der Zusammenbruch der Sowjetunion nach 70jähriger kollektivistischer atheistischer Herrschaft gezeigt hat.

Dennoch - das lässt sich nicht übersehen - kommt in sämtlichen direkten Worten Christi an seine Mutter im Evangelium (ausser bei seinen Abschiedsworten an sie während der Kreuzigung) auch so etwas wie eine zunächst verblüffende Distanzierung zu ihr zum Ausdruck. Das muss uns hier noch ein wenig beschäftigen, weil diese Dialoge eine Legitimation der differierenden Funktionen von Männern und Frauen in der Kirche sichtbar machen können.

Der zwölfjährige Jesus im Tempel dokumentiert mit seiner geradezu provokanten Antwort: "Wusstet ihr nicht, dass ich in dem sein muss, was meinem Vaters gehört?" auf die vorwurfsvollen Worte seiner Mutter (Lk 2, 48-50), dass die Macht über den Lebensauftrag des heranwachsenden Sohnes nicht in der Hand der Mütter bleiben darf. Sonst verkümmert der Sohn nämlich. Auf der Hochzeit von Kana wird das Radikale dieser Anweisung noch unterstrichen. Die Mütter haben zurückzutreten. Und Maria erweist sich hier als vorbildlichste Mutter, indem sie das auf der Hochzeit zu Kana sofort akzeptiert, sich zurechtweisen lässt und antwortet: "Was er euch sagt, das tut" (Joh 2, 5). Die Mutter Maria, so zeigt dieser Text, erweist sich also bereits hier - anders als ein Grossteil der Menschenmütter - als weise und reif. Sie leistet hier in tiefem Glaubensgehorsam einen nicht ganz leichten Verzicht, ja, sie tritt so voll Rücksicht in die Reihen derer, "die den Willen des Vaters im Himmel tun", zurück, dass während des gesamten Wirkens Jesu kaum mehr und erst auf Golgota wieder von ihr die Rede ist. Aber gerade dies spricht mehr für die Bedeutung ihrer vorbildhaften Haltung als gegen sie. Christus hat - und in der Übergabe der Mutter an den Jünger Johannes wird das bekräftigt - nicht etwa eine Kontraeinstellung gegen das vierte Gebot bezogen, zu deren Einhaltung er doch auch direkt aufgefordert hat, nein, in seinen Worten ist vielmehr Heilsnotwendiges und Überpersönliches ausgesagt: Der Weg zum Vater, zum Gott der Liebe, ist nur möglich nicht durch eine Abtrennung, aber doch durch eine Distanzierung vom Urbereich des Kreatürlichen. Maria ist zwar schon durch ihre Auserwähltheit von Gott reiner, gläubiger, gehorsamer als wir Menschenmütter es je sein können, sie ist die erste, in der eine, wirklich christliche Mutterschaft zum Ausdruck kommt, aber sie ist doch auch noch irdische Mutter. Irdische Mütter umklammern ihre Brut gern mit ihrem alles beherrschenden Pflegetrieb. Sie können durch zu lange während Behütung überwärmen, verwöhnen und dadurch den Lebensauftrag ihrer Kinder unter Umständen sogar unmöglich machen. Das ist es, was abgewiesen werden muss, nicht durch den Mann Jesus gegen die Frau Maria, sondern von jedem von uns - ob Sohn oder Tochter. Ja, diese Anweisung enthält die zentrale Zuweisung, und das heisst eine zwingend notwendige Voraussetzung dafür, dass unser Lebensauftrag von Gott in dieser Schöpfung sich erfüllen kann: Während unseres Lebensganges soll mehr und mehr irdischer Erstegoismus abgestreift werden, soll die reine Liebe, die Agape für Gott und für unsere Nächsten, immer mehr unser Leben erfüllen, um so ein freier Mitarbeiter im Plan Gottes zu werden. Nur so können wir dem Zentrum unserer Bestimmung gerecht werden. Diese Loslösung, die sich im Verhältnis eines jungen Erwachsenen zu seiner Mutter konkretisieren muss, war deshalb auch vermutlich der Grund für die scheinbar harten Worte Jesu an seine Mutter.

Die dreimalige direkte Distanzierung Christi von seiner hochheiligen Mutter enthält meines Erachtens die Legitimation der Kirche zu einer *partiellen* Distanzierung von der Frau. Die Kreatürlichkeit der Frau ist unmittelbarer, erdhafter als die des Mannes. Der Weg des Menschen im Schöpfungsplan Gottes soll aber von der Erde in den Himmel, von der Natur zum Geist, von der Mutter zum Vater führen. Dazu gehört in jedem persönlichen Leben, falls es mit Gottes Hilfe gelingt, eine partielle Überwindung des nur Kreatürlichen. Liebe, wie Christus sie lebt und verkündet, und sie als zentrales Wesensmerkmal Gott Vaters beschrieben hat, hat keinen kreatürlichen Ursprung. Sie kommt in der Natur der Schöpfung nicht vor. Soll sie verwirklicht werden - und das ist uns seit Jesus Christus aufgetragen -, so bedarf es einer Überschreitung der kreatürlichen Basis des Menschen. Die Kreatürlichkeit der Frau ist viel zentralistischer, viel einheitlich unmittelbarer als die des Mannes. Höhenflug ohne Rückversicherung ist ihm in radikaler Dominanz doch eher zuzumuten als der Frau, deren Liebe leibnah durchwirkt bleibt und die gerade dadurch den leibhaftigen Anteil der Gottesliebe viel eher zu vertreten vermag. Aber da der christliche Glaube eben grundsätzlich dominant geistliche Überliebe sein will, die sich im Kreatürlichen allein nicht erschöpfen kann, sondern es übersteigen will und durch Christi Erlösungstat auch vermag - deshalb ist der Mann auf diesem Weg in der direkten kontinuierlichen Nachfolge des Herrn zum Führenden und zum Ausspendenden des Heils besser geeignet und deshalb allein berufen.

In diesem Gefüge gibt es gewiss heilige Ausnahmen - von Katharina von Siena bis zu Jeanne d'Arc. So wie Frauen auch im Krieg unter Umständen das Pech von den Zinnen der belagerten Städte auf die eindringenden Feinde gegossen haben, eben weil Not am Mann war, so ist an einzelne Frauen immer wieder ein direkter, sehr mannähnlicher Auftrag im Dienst an der Kirche ergangen, der es ihr abforderte, in einer grossen Notsituation männlich einzuspringen. Aber das sind in der Geschichte immer Ausnahmen von der Regel gewesen, die diese gerade durch ihre Seltenheit bestätigen.

Aus der Geschlechterpsychologie lassen sich darüber hinaus viele hübsche kleine Einzelheiten erbringen, die begründen, warum wir Frauen nicht zum Priesterdienst gemacht sind. So sind wir zwar eloquenter, aber auch geschwätziger und keineswegs im gleichen Mass zu so totaler Verschwiegenheit prädestiniert, wie die Beichtpraxis und der Seelsorgedienst das erfordern. Wir sind im Altardienst von der anwesenden Gemeinde viel leichter ablenkbar vom heiligen Geschehen, was man immer wieder bei der vergleichenden Beobachtung von

Ministrantinnen und Ministranten feststellen kann. Die Mädchen stellen sich auch oft wesentlich selbstgefälliger dar, und sie neigen dazu, durch ihre grössere Zuverlässigkeit den Jungen sehr bald im Hinblick auf eine kontinuierliche Präsenz das Wasser abzugraben, was sich negativ auf die nötige Zahl des Priesternachwuchses auswirkt.

Eine kleine Beobachtung dazu noch aus dem Alltag: Frauengruppen fühlen sich häufig unter der Leitung von Männern wesentlich wohler und zeigen dann eine grössere kreative Effizienz. Frauen in Führungsrollen sind hingegen häufig durch eine Überbetonung männlicher Eigenschaften wie Unnachgiebigkeit, Härte und machtanmassender Durchsetzung gekennzeichnet. Bei Frauen, die von Frauen geleitet werden, gibt es oft mehr Intriganz in den Gruppen. Die Personenbezogenheit der Frauen führt hier gelegentlich zu mehr Zerrüttung durch hinterhältigen Klatsch und verbale Aggressivitäten, als das bei Gruppen, die von Männern geführt werden, der Fall zu sein scheint.

Resümee: Die grössere Führungsfähigkeit der Männer, die leichtere Abkömmlichkeit vom familiären Dienst und der subtile, so ganz besondere geistliche Charakter der Jüngeraufgabe, veranlasste Christus ganz selbstverständlich, allein Männer zu seinen Jüngern zu erwählen. Da die Kirche vom Heiligen Geist geführt wird, und diese Präferenz der Männer als einen Dienstauftrag und nicht als eine Machtanmassung verstanden wird, da also Kirche gelebte Nachfolge von Jesus Christus ist (denn nur so allein kann sie wirkmächtig sein), hat sie Männer mit den Führungsaufgaben in der Kirche zu betrauen, Männer, die sich deswegen auch radikal, und das heisst zölibatär, in diesen Dienst zu stellen haben. Aus dieser

Sicht kann der Priester keine Frau - er muss ein Mann sein; denn seine Aufgabe ist eine führende und eine geistlich fortzeugende.

Das feministische Gerangel um Machtpositionen in der Kirche ist deshalb bereits vom Ansatz her zutiefst widerchristlich. Denn es geht hier eben egozentrisch um Konkurrenz, Prestige, um die ersten Plätze ganz im Sinne der Mutter der Zebedäussöhne unter den Jesusjüngern, die Christus doch mit unnachahmlicher Schärfe zurückweist mit den heute wieder so tief wahren Worten: "Frau, du weisst nicht, wovon du redest!" (Mt 20, 22). In der Tat, die Feministinnen wissen es auch heute nicht! Sie sind indoktriniert und damit keineswegs fortschrittlich, sondern eben gerade allzu frautypisch dem Zeitgeist besonders angepasst.

Warum wollen Frauen den Männern ausgerechnet dieses schwerste Amt aller Ämter, das Priestertum, streitig machen und es für sich in Anspruch nehmen?

Nicht im mindesten stehen die Frauen doch in der Beziehung zu Christus hinter den Männern zurück. Im Gegenteil: Besondere Begnadung, besonderer Schutz, besondere Nähe und ein besonderer Verkündigungsauftrag wird ihnen zuteil. Die Vielzahl der Ordensschwestern in ihrem so segensreichen Wirken - besonders in der Mission - geben davon Kunde. Die Frauen um Christus bleiben dennoch im Hintergrund, als die ohne Machtanspruch dienenden, als die selbst in der bittersten Stunde getreulich Anwesenden und Ausharrenden.

Ein Auftrag der Frauen zur Führung, zur Priesterschaft lässt sich aus den Evangelien nicht konstruieren. Die zu diesem Dienst Berufenen sind zwölf Männer. Allein an sie teilt Christus das Letzte Abendmahl aus, und deshalb geht an sie der Auftrag zum Weitergeben der erlösenden Kommunion mit ihm. Und allein an den sich ach so menschlich, allzu menschlich benehmenden Mann Petrus ist nun einmal unwiderlegbar die Weisung zur Konstituierung des Glaubens ergangen (Mt 16, 18).

Meines Ermessens haben es die Frauen nicht nötig, sich die Möglichkeit zum Petrusamt oder zur Beteiligung an der Priesterschaft zu erstreiten; denn zwischen ihnen und Christus gibt es eine sehr geheimnisvolle Unmittelbarkeit, die umso eindrucksvoller der Maria von Bethanien nachgelebt werden kann, je mehr sie sich im Laufe ihres Lebens ihre urkreatürliche Erdigkeit durch einen gelebten Glauben untertan machen, so dass sich marianischer Geist in ihnen verwirklicht.

Die Ablehnung der katholischen Kirche, Frauen zum Priesteramt zuzulassen, hat also eine tiefe Berechtigung. Sie kommt besonders in der Distanzierung Jesu am Beginn seines Auftrags von seiner Mutter zum Ausdruck. Wir Frauen haben - wie bereits gezeigt - einige Eigenschaften, die ebenso schön sind wie sie gefährlich zu werden vermögen: Wir sind flexibler, hellhöriger, rascher und meist auch wortgewandter als die Männer. Wir können deshalb oft frommer sein als sie und werden oft so zu Voranlaufenden - auch zum Heil. Aber unter Umständen sind wir gerade durch diese unsere Begabungen verführbarer und können dann unter Umständen sogar in einer selbstmörderischen Weise besonders fanatisch werden. Und als zweites: Solange der Geist der Gottesmutter noch nicht in uns vorherrscht, solange bleiben wir nur allzu gern in unbewusster Abhängigkeit Töchter der Königin der Nacht, dieser magna mater, die dann sogar wie Salome, die schöne schreckliche Tochter der Herodias, in der Lage sind, über Leichen zu gehen und unseren sonst so sicheren Instinkt für das Heilsmächtige an den Geist der Rache zu verraten. Das jedenfalls besagt die traurige Geschichte des Johannes, des heiligen Herolds, der durch diese Urgetriebenheit der weltmächtigen Herodias geköpft wird (Mt 14, 6-11).

Der Protest unserer feministischen Theologinnen gegen die angeblich benachteiligte Rolle der Frauen in der Kirche ist ein anmassender Protest gegen die Offenbarungswahrheit des Christentums selbst. Die Bibel zeigt, dass Mann und Frau nicht im mindesten "Rollen" allein sind, die sich eine herrschsüchtige Priesterkaste zwecks Unterdrückung der Frauen ausgedacht hat. Das grosse Offenbarungsbuch macht vielmehr von Anfang bis Ende archetypische Aussagen über das Männliche und das Weibliche im Schöpfungsgeschehen. Diesem Grundprinzip sind die Geschlechter, ist der einzelne Mann und die einzelne Frau zugeordnet in unterschiedlichen - und seit Jesus Christus ganz gewiss gleichwertigen - Aufträgen. Beide sollen gemeinsam in fruchtbarer Ergänzung daran mitwirken, dass Gottes Reich, das Reich der Liebe, hier auf Erden kommt. Möglich ist das aber nur, indem jeder einzelne, gleich ob Mann oder Frau, sich einem Glaubensgehorsam unterstellt, wie er in Jesus uns zur Erlösung und in Maria uns zum Vorbild vorgegeben ist.

Die Wertschätzung der Frauen durch Christus als die ihn besonders innig Liebenden wird in den Evangelien gleichzeitig hinreichend betont und entkräftet alle Diskriminierungsvorwürfe der Feministinnen. Schliesslich ist die Liebe der höchste christliche Wert und macht damit die so fühlfähige Frau zu einer durch Gott geradezu Ausgezeichneten - vor allem auch durch die oft besonders ausgeprägte Begabung für die Bewahrung der transzendenten Aspekte unseres Glaubens. Die kontemplativen Stufungen im Glaubensweg der Teresa von Avila sind hier ein besonders eindrucksvolles Beispiel. Liesse man der modernen Frau das ihr eigene Selbstverständnis als eine Befähigte zu anbetender Hingabe und warmherziger Liebe, dann hätte sie gar nicht mehr so viel Lust, im feministischen Machtkampf gerade diesen ihren besten Teil aufs Spiel zu setzen. Denn wie oft und zu ihrem eigenen späteren Unglück büsst sie auf diesem falschen Weg gerade alles ein, was sie auszeichnet: Ihre Sehnsucht nach Gottesnähe und daraus entspringend ihre Grosszügigkeit, Geduld, Vergebungsbereitschaft und die weitherzige Güte ihrer Liebesfähigkeit den Menschen gegenüber. Vermittelte man der modernen Frau die Möglichkeit, gerade durch diese Eigenschaften vom Mann und besonders vom Mann der Kirche wertgehalten und hochgeschätzt zu werden, dann könnte sie wieder so leben, wie Michelangelo sie auf seinem berühmten Bild der Erweckung des Adams gemalt hat: Als eine, die durch den glücklichsten Platz in der Schöpfung - nämlich am Herzen des Vaters - mit seiner Nähe beschenkt ist. Frauen mit einem Selbstbewusstsein dieser Art verspüren kein Gelüst mehr, den Männern ihre schweren Ämter zu entreissen, sondern freuen sich, ihre Gehilfinnen sein zu dürfen - die weichen, freundlichen, ausgleichenden, bergenden an ihrer Seite, weil sie erkannt haben, dass sie bereits hier im Diesseits dazu ausersehen sind, in Gott ruhen zu dürfen und sein Manna als gelebte Liebe - übermittelt durch den priesterlichen Mann - an die Familie, an die Gemeinde, im kirchlichen Dienst mit weiterzugeben.

Deshalb sagt Hans Urs von Balthasar: "Ein Drang der Frau nach dem kirchlichen Amt kann nur aus einer Verkennung der eigentlichen Würdestellung der Frau innerhalb der Kirche (als Kirche) erfolgen ..., einer Verkennung, die das Geschlechtergeheimnis nivellierend aufhebt, statt es in seiner offenen und vollendeten Spannung und Fruchtbarkeit auszutragen."[15]

Beachtung der Menschenwürde statt Abschaffung des Schamgefühls

Das Schamgefühl - so behauptet seit 20 Jahren der Trend in der öffentlichen Meinung - sei lediglich die Ausgeburt einer leibfeindlichen katholischen Erziehung. Ich möchte in den folgenden Ausführungen dieser Unterstellung widersprechen, eine Gegenthese aufstellen und sie zu beweisen suchen. Sie lautet: Keineswegs ist das Schamgefühl - wie uns modische Ideologien einflüstern wollen - ein lediglich gesellschaftsbedingtes, heute abschaffenswertes Dressat, sondern es ist bereits in der Erbinformation des Menschen vorhanden. In seinem Entfaltungsprozess tritt es aber erst in Erscheinung, wenn es eine lebensnotwendige Aufgabe zu erfüllen hat. Danach wächst die Möglichkeit, sich auf den verschiedensten Gebieten zu schämen, mit dem Bewusstseinsprozess. Sie ist an die Konstituierung eines Ich gebunden. Weder Tiere noch Schwachsinnige erreichen diesen Status. Beim Menschen entfaltet sich das Bewusstsein allmählich im Laufe der Kindheit, bei einigen Geisteskrankheiten geht es zurück, zerfliesst zu der Unfähigkeit, Aussenwelt und Innenwelt zu unterscheiden. Daraus lässt sich folgern: Das Schamgefühl dient dem Schutz der Person besonders während ihrer keimhaften Entfaltung, dient besonders ihrem Schutz vor Blossstellung, vor Ein- und Übergriffen, die die Person (etwa durch Entwürdigung und Schmähung) zerstören könnten. Der Mechanismus, mit dem diese Schutzfunktion arbeitet, ist eindeutig: Das Schamgefühl ist unlustbetont und aktiviert mit Hilfe körperlicher Erregung das Bedürfnis, sich abzusetzen, abzuschirmen und zu verhüllen. Das Bedürfnis, seine Blösse zu bedecken, bezieht sich keineswegs auf das Feigenblatt allein, sondern es ist sehr allgemein ein Zeichen für das Erreichen eines bestimmten Niveaus im Bewusstseinsprozess, nämlich der Fähigkeit, Schwächen, Fehler, Unvollkommenheiten, ja, Schuld zu empfinden und mit Hilfe des Schamgefühls die Verhüllung des Makels anzustreben, um die Person vor Beschädigung der Selbstachtung und vor Verzweiflung über sich selbst zu bewahren.

Diese meine Theorie ist auch mit Hilfe des grössten Lehrbuches menschlicher Psychologie, der Bibel, voll zu erhärten, ja, dass dort die Problematik gleich auf den ersten Seiten - nämlich in der Genesis - ebenso nachdrücklich wie exemplarisch abgehandelt wird, spricht sehr dafür, dass es sich hier um eine ausserordentlich wichtige Angelegenheit in der Seelengeschichte der Menschheit handelt.

Da heisst es zuerst nach der Erschaffung von Adam und Eva und nach ihrer von Adam jubelnd begrüssten Erstbegegnung, dem Erkennen ihres Einsseins, ihrer "Ergänzung" im wahrsten Sinne des Wortes, nach der Freude über die Einsicht, füreinander und aufeinander zugeordnet, einander zugehörig von Gott geschaffen zu sein: "Beide waren nackt, der Mensch und sein Weib, und sie schämten sich nicht voreinander" (Gen 2, 25).

In absoluter Unverhülltheit offen voreinander zu sein, das gibt es nur im Status absoluten Vertrauens, absoluter Vertrautheit und Einigkeit. Diese Einigkeit, nicht nur zwischen Mann und Frau, sondern des Paares auch mit seinem Schöpfer, ist aber die Voraussetzung zur Vollkommenheit. Weil dieser Zustand makellos ist, ist er der Scham nicht bedürftig. Sie ist einfach überflüssig in diesem paradiesischen Zustand. Es ist ein kindlichreiner Zustand, den auch unsere Säuglinge und Kleinkinder, die das Schamgefühl noch nicht kennen, zeigen, weil sie noch im Urvertrauen zu ihrer Mutter und ihrem Schöpfer ruhen. Deshalb sagt Christus schliesslich auch mit tiefer Bedeutsamkeit: "Wahrlich, ich sage euch, wenn ihr nicht umkehrt und wie die Kinder werdet, könnt ihr nicht in das Himmelreich eingehen" (Mt 18, 3); das heisst: der Status der Bindung und des absoluten, glaubenden Vertrauens ist nötig, um das Elend der Gottferne zu überwinden.

Am Anfang der Bibel setzt nun freilich erst einmal der Tragödie erster Teil ein: Mutwillig, wenn auch vom teuflischen Versucher verführt, zerreisst der Mensch seine Urverbindung - aus Machtgier, Egoismus und kognitiver Neugier - und zerstört so nicht nur seine Vollkommenheit und Geborgenheit in Gott, sondern auch die ungebrochene Beziehung und Verbindlichkeit der Menschen untereinander.

Die Bibel resümiert das zunächst mit den Worten: "Nun gingen beiden die Augen auf, und sie erkannten, dass sie nackt waren; deshalb flochten sie Feigenblätter zusammen und machten sich Schürzen" (Gen 3, 7).
Hier tritt das Schamgefühl und als Folge davon das Bedürfnis nach Verhüllung zum ersten Mal auf, ganz gewiss nicht im mindesten auch nur irgendwie zufällig: Adam und Eva erkennen eben genau dieses: Dass sie durch den Abfall von Gott unvollkommen und schutzlos nackt geworden sind. Wie eindrucksvoll und auf den ersten Blick noch nicht unbedingt logisch, dass nun nicht etwa Ohr, Hand und Mund verhüllt werden, d. h. diejenigen Organe, mit deren Hilfe der Ungehorsamsakt praktiziert wurde, sondern stattdessen die Genitalien; denn "Schürze" sind nun einmal Bekleidungsgegenstände für diese: Warum also gerade diese Körperregion? Nun eben, weil sie der Ort grosser Missbrauchs-

möglichkeit, des Abfalls von Gott zu sein vermag, weil gerade die Grossmacht Sexualität, die drängende Geschlechtskraft, besonders rauschartig zu überheblicher Masslosigkeit, zur Sexualsucht, zu der Vorstellung, es mit einem Partner allein schaffen zu können, verführen kann.

Deshalb, und keineswegs etwa nur allein auf Sexuelles bezogen, wird das Verhüllen der Genitalien zu einem Symbol für die Bedeckungsnotwendigkeit des Menschen, nachdem er zur Einsicht in seine Unvollkommenheit, in seine Schwäche und Schuldhaftigkeit gekommen ist. An die Stelle der Urgeborgenheit (und jeder von uns macht in seiner Kindesentwicklung diesen Prozess durch) tritt nun die Notwendigkeit, sich zu verbergen, zu verheimlichen, sich zu verstecken, um den Status der Abgetrenntheit damit erträglich zu machen, ihn gewissermassen zu konstituieren, um notgedrungenermassen das Beste daraus zu machen, d. h. das Ich, diese Abgespaltenheit vom "Wir", zur Persönlichkeit auszubauen. Ein Stück Distanzierung und Geheimhaltung ist dazu geradezu obligatorisch.

Zunächst läuft das freilich über viele Erlebnisse der Beschämung und des Ertapptwerdens. Gott ruft (ähnlich wie die Mutter dem kleinen Peter, der sich zurückzog, weil er etwas mit Verbot Belegtes kaputtgemacht hat) dem Menschen zu: "Wo bist du?", und Adam antwortet: "Ich vernahm Deinen Schritt im Garten; da fürchtete ich mich, weil ich nackt bin, und verbarg mich." Darauf sprach Gott; "Wer hat dir kundgetan, dass du nackt bist? Hast du von dem Baum gegessen, von dem zu essen ich dir verboten habe?" Der Mensch erwiderte: "Das Weib, das Du mir beigesellt hast, gab mir von dem Baum, und ich ass." Da sprach Jahwe Gott zu dem Weibe: "Was hast du da getan?" Das Weib antwortete: "Die Schlange hat mich verführt, und ich ass" (Gen 3, 9-13).

Das war ein ziemlich feiges Abwälzen von Schuld, ein typisches, auch heute immer wieder stattfindendes Ende vom Lied: Es führt zwangsläufig zum Zerwürfnis des Paares, wenn es versucht, die Welt gemeinsam, aber ohne Gott zu bezwingen. Binnen kurzem ist dann immer der andere schuld...

Wie denn müsste eigentlich die richtige Antwort auf die Frage Gottes: "Wer hat dir kundgetan, dass du nackt bist?", heissen?

Sie müsste lauten: "Ich war Dir ungehorsam, Herr, ich habe mich nicht daran gehalten, trotz all der Freiheit, die Du mir schenktest, Dein einziges Gebot zu respektieren, mir nämlich keine eigene Macht anzumassen. Nun sitze ich im Elend der Erkenntnis meiner absoluten Unzulänglichkeit, ich habe mir eine furchtbare Blösse gegeben; oh Herr, sei mir Sünder gnädig!"

Ja, wenn das möglich gewesen wäre, vielleicht hätte dann das ganze Menschheitsdrama nicht stattfinden müssen, vielleicht auch das Gottesdrama nicht, dass er sich selbst von diesen törichten Menschen hätte ans Kreuz schlagen lassen müssen, um ihnen auf diese Weise die einzige Chance zu geben, soviel Kraft zu bekommen, dass sie dieses Bekenntnis schaffen könnten; denn dies ist schliesslich die Voraussetzung ihrer Erlösung, dieses: "Sei mir gnädig, Herr, ja, ich glaube, ich stelle mich hinein in den ewigen Bund, den du mit den Menschen geschlossen hast, hilf mir fort von meiner ungläubigen Selbstherrlichkeit! Lass mich im Vertrauen zu Dir leben!"

Gewiss bedarf es dann keiner Scham mehr, dann ist Nacktheit = Unvollkommenheit wieder erträglich, dann entsteht neu durch Gottes Gnade die Möglichkeit zur Vollkommenheit und macht Verhüllung vor ihm überflüssig.

Aber, wie gesagt, bis dahin ist es noch ein weiter Weg. Zunächst findet in jedem Entfaltungsprozess erst einmal Austreibung statt, und dabei ist gegen die todesnahe Unsicherheit auf diesem windigen Planeten ein wenig Schurz gewiss nicht mehr ausreichend. Es ist ein Zeichen des göttlichen Erbarmens, dass trotz all des Versagens des Menschen Gott ihm vor der Vertreibung aus seinem Garten Kleider macht, das wärmende Kleid der Verhüllung und - das heisst im Sinnbild - dass der Mensch das Schamgefühl empfängt, um die nackte Schuld nicht so minuziös elend frierend empfinden zu müssen.

Seit wir uns jenseits von Eden befinden - und in jedem trotzenden Kind manifestiert sich diese Ursünde quasi exemplarisch neu -, tritt nicht nur das Schamgefühl als Bedeckungsbedürfnis in Kraft, sondern wird gleichzeitig jede gewaltsame Enthüllung zu einer Handlung der Entwürdigung. Dieses Recht auf Verhüllung, um beschämende Blösse zu vermeiden, wird in der Bibel ein heilig zu bewahrender Akt zur Erhaltung der Menschenwürde. Gott schützt den Menschen ausdrücklich vor Entblössung, z. B. indem er - sich demütigend - zunächst empfiehlt, keine Stufen zum Altar zu bauen, damit Moses nicht etwa in die Gefahr gerät, durch Aufschlagen seines Mantels im Angesicht des Heiligtums eine (seine) Blösse zu zeigen (Ex 20, 26). Sie muss eben schamvoll verhüllt bleiben, was einer Anerkenntnis seines sündigen Status gleichkommt. Bereits im Buch

Genesis wird die Funktion des Schamgefühls als eine existentielle Notwendigkeit zur Erhaltung der Menschenwürde exemplarisch konstituiert: Sem und Japhet, die Söhne des Noah, bedecken in schamvoller Ehrfurcht rückwärtsgehend die aufgedeckten Genitalien ihres seinen Weinrausch ausschlafenden alten Vaters. Aber zuvor hatte Ham sich leider diese väterliche Misere angeschaut und das seinen Brüdern auch noch ausgeplaudert. Das aber bedeutet eine Beschämung ohnegleichen, die schärfster Ahndung durch den Urvater bedarf, so dass nach seinem Erwachen Ham samt dessen Nachfahren verflucht und Sem und Japhet zu Herren über diese erhoben werden.

Das Schamgefühl ist also der Garant für die Bewahrung der Menschenwürde des allemal unvollkommenen Menschen. Es ist der notwendige Schutz vor jederzeit möglicher Beschämung. An dem Ham-Beispiel wird besonders schön deutlich, dass die Bibel es für wichtig erachtet, generell die Söhne zu ermahnen, die Hochachtung vor den Vätern selbst dann nicht aus dem Auge zu verlieren und sie zu beschämen, wenn sie im Alter entblössende Schwächen zeigen. Wieder steht hier die Bedeckung der Genitalien für mehr als nur für einen Körperteil. Die aufgedeckte Blösse des Noah, der zuviel des Weins zu sich genommen hat, ist ein exemplarisches Sinnbild für die im Alter stärker sichtbar werdende Unzulänglichkeit von uns Menschen. Sie ganz besonders darf nicht Anlass zu entwürdigender, naserümpfender Missachtung der Jüngeren werden, so vermittelt uns diese Weisheit, sondern die Schwäche sollte mit dem Mantel der Liebe zugedeckt werden. Nur eine junge Generation, die sich an der Vorbildlichkeit der Älteren orientiert und deren altersschwache Fehler quasi übersieht, hat Aussicht auf Zukunft, rät die Bibel, wie bereits schon im vierten Gebot. Der Verlust der Ehrfurcht der

Jüngeren vor der Leistung der Älteren, der Abbruch mit der Tradition, führt in die Knechtschaft der so Denkenden, wie einst in die Unterlegenheit der Hamiten unter die Herrschaft der Semiten. Die taktvoll verschämte Achtung muss sich zur Verehrung (veneratio) hin ausweiten. Nur so wird die junge Generation vor einer Entwürdigung der Alten und damit vor einem erneuten tieferen Fall: vor einem grössenwahnsinnigen Status besserwisserischen Hochmuts bewahrt. Sie fällt dann ungeschützt ihrem Geltungs- und Machtstreben anheim.

Exkurs

Erfolgt aber die notwendige Ausweitung oder Orientierung des Geltungs- und Machtstrebens zur Ehrfurchtshaltung und Verehrung nicht, dann kann sich der Mensch der Fehlformen des Geltungsstrebens nicht mehr erwehren. Zu ihnen zählen Geltungs-, Ruhm- und Ehrsucht, geschäftige Rast- und Ruhelosigkeit, Unersättlichkeit in dem Anstreben von Erwerb und Besitz, Machtgier und Herrschsucht, aber auch die scheinbare Verachtung von Geltung und Ehrung, die nur eine gespielte Demut ist. Die Sucht nach Geltung und Macht bedroht den Menschen in allen Lebenslagen, wenn die genannte Orientierung dieser Grundstrebung unterbleibt. Das Ziel des Geltungssüchtigen ist es dann, immer und überall im Mittelpunkt des Interesses und des Gespräches zu stehen; er möchte zeitliche und räumliche Allgegenwart erreichen mit hohen Quantitäten von Beifall, Bewunderung und staunendem Bejahen. Umgekehrt ist es sein ärgstes Leid, von Mitmenschen nicht beachtet zu werden.

Für den ausdruckskundlich geschulten Blick verbirgt sich hinter der entwürdigenden Gier des Geltungs- und Machtsüchtigen eine tiefe Insuffizienz. In der rastlosen unstillbaren Art des Strebens nach Macht, in dieser tiefen Unruhe, die gewöhnlich auch den vegetativen Bereich erfasst mit den spezifischen Symptomen der Dystonien, steckt zutiefst Selbstunsicherheit, Furcht vor den Konkurrenten, die Angst vor jeglicher Einbusse an Prestige, schliesslich die tiefe Unzufriedenheit mit sich selbst. Aus dieser Angst und Furcht heraus können ruhige Sicherheit und gelassene, souveräne Haltung nicht entstehen.

Letztlich aber, und das ist der eigentliche entscheidende Gesichtspunkt in diesem Zusammenhang, letztlich weiss der Machtgierige nicht mehr um seine geschöpfliche Abhängigkeit, seine Bezogenheit zum Schöpfer, der alle Macht in seinen Händen hält und von dem jegliche irdische Macht stammt. Der Macht- und Geltungsgierige ist auf sich gestellt und darum zutiefst unsicher. Die genannten Symptome von Herrsch- und Machtsucht sind meist unbewusste Kompensationsversuche mit negativem Ausgang, solange die tragende Urbeziehung des Menschen zu Gott ignoriert wird. Die Haltung taktvoll demütiger Beachtung der Menschenwürde dagegen befähigt den Menschen, die Welt mit anderen Augen zu sehen als der Geltungssüchtige.

Im individuellen Entfaltungsprozess lässt sich Analoges zu diesem Urgeschehen feststellen: Immer erst entsteht die generelle Möglichkeit, Schuld und Scham zu empfinden, und erst dann werden Sittenregeln gelernt und eingeübt, die nun gewiss ausserordentlich verschieden, zeit- und gesellschaftsabhängig sein können. Die Bibel weist im historischen Ablauf die gleiche Chronologie auf: Erst nach der Manifestation des Schamgefühls, erst nach den beschämenden Geschichten über Kain, Ham, Jakob und Josef in der Genesis, folgt der grosse mosaische Katalog, der Hilfen gegen weitere

Grenzüberschreitungen enthält - Schutzfunktionen des zur Freiheit Berufenen, aber seine Freiheit immer wieder durch Masslosigkeit überschreitenden Menschen. Die Anerkenntnis des mosaischen Gesetzes durch die Allgemeinheit erleichtert es dem einzelnen nämlich beträchtlich, die Grenzen einzuhalten, weil er sich sonst Ächtung durch die Gruppe einhandelt. Nun kann er sich durch Einhaltung der Grenzen auch öffentliche Beschämung ersparen.

Bei Jesus Sirach folgt übrigens noch ein weiterer Katalog von einzelnen Handlungen, derer man sich zu schämen hat, wie auch andere, die nicht als Makel gelten und deshalb von der Schamröte ausgeschlossen sind. Dieser Katalog ist recht unbekannt. So heisst es im 41. Kapitel Absatz 16: "Seid schamhaft nach meiner rechten Art, denn nicht jede Art von Scham zu üben ist geziemend, und nicht jedes Verschämttun ist gut angebracht. Schäme dich vor Vater und Mutter der Unzucht, schäme dich vor dem Fürsten und Herrscher der Lüge. Schäme dich vor dem Richter und Ratsherrn des Vergehens, schäme dich vor der Gemeinde und dem Volk der Übertretung.

Schäme dich vor dem Kameraden und Freunde der Untreue und vor dem Ort, wo du wohnst, des Diebstahls. Schäme dich, den Freund zu schmähen und nach seiner Wohltat zu schimpfen." Aber auch als konkrete Anleitung zur Tischsitte: "Schäme dich, den Ellbogen bei Tisch aufzustützen. Aber folgender Dinge schäme dich nicht, und nimm keine Rücksicht, denn es wäre Sünde: Schäme dich nicht der Abrechnung mit dem Reisegefährten: wo du etwas hinterlegst, bei Zahl und Gewicht sei genau, und Ausgabe und Einnahme, alles schreibe auf, und auch nicht beschämend ist es, sein Eigentum wegzuschliessen, denn 'wo viele Hände sind, sollte man einen Schlüssel gebrauchen'."

Schamlosigkeit gegenüber dem nackten Körper - am übelsten in Gestalt der Entblössung des Körpers der Frau - aber wird in der Bibel von A–Z als der Gipfel der Sündhaftigkeit und der Sittenlosigkeit dargestellt. Sinnbildlich ist das ein Zeichen für das Unvermögen, die Realität der menschlichen Unzulänglichkeit zu erkennen und für die Notwendigkeit der Einsicht, dass die Menschenwürde durch Verhüllung gewahrt werden muss. So heisst es bei Jer 8, 10-12: "Darum gebe ich eure Frauen an die Fremden preis und eure Fluren Eroberern. Denn klein und gross - jeder von ihnen ist gierig nach Gewinn. Prophet und Priester, jeder übt Trug. Und sie heilen den Schaden meines Volkes obenhin, indem sie schreien: 'Frieden! Frieden!'. Aber es gibt keinen Frieden! Zuschanden müssen sie werden, denn ein Greuel ist, was sie tun. Und sie können nicht einmal mehr erröten. Sie haben alle Scham verlernt. Darum sollen sie fallen, wenn alles fällt, zur Zeit ihrer Heimsuchung werden sie stürzen, spricht Jahwe."

Deshalb werden auch die sündhaften Städte Sodom und Gomorra, Babel, Jerusalem und Babylon mit hurenhaft entblössten Weibern verglichen. Zum Beispiel in den Klageliedern mit den Worten: "Schwer gesündigt hat Jerusalem, sie ist unrein geworden. Die einst sie ehrten, verachten sie alle, sie sahen ja ihre Blösse. Nun seufzt auch sie selbst und wendet sich ab", wobei hier sehr deutlich das Wegwenden als eine Gebärde des Sich-Schämens verstanden sein will.

Nachdenken über die Bedeutung der Scham, der die Bibel eine elementare Schutzfunktion beimisst, macht einsichtig, wie leichtfertig und gefährlich es war, den Stellenwert des Schamgefühls in den vergangenen Jahrzehnten in Frage zu stellen und zu vernachlässigen. Es ist symptomatisch für diesen exhibierenden Trend, dass der Frauenkörper heute per Foto, Film, FKK-Gepflogenheit und Sauna in allmählich immer weitgehenderer Enthüllung öffentlich preisgegeben werden darf und die Kopulationsszenen des TV immer pornographischer werden. Das entwürdigt die Frau, weil es sie generell schutzlos macht, besonders aber, weil es die männliche Gier nach Zugriff und Übergriff steigert. Das entwürdigt auch den Mann, weil das Tier in ihm übermächtig wird und sich nicht mehr hinreichend genug steuern lässt. Das bewirkt eine Zunahme von Sexualsüchten und Sexualdelikten in einer beschämenden Zahl; denn es fesselt an den Trieb, statt die versprochene Freiheit zu erwirken. Das beschädigt die Seelen der Kinder, wenn sie im häuslichen Bereich durch nackte Schamlosigkeit der Erwachsenen und unangemessene TV- bzw. Videofilme zu Voyeuren werden und ihnen gleichzeitig in der Schule durch Nacktduschen sowie verfrühten, drastisch schamlosen Sexualkundeunterricht das Schamgefühl ausgetrieben wird. Es macht sie zu jederzeit missbrauchbaren Opfern, ja, unter Umständen früh dann auch zu kranken Triebtätern. 300'000 Unmündige werden in unserer Bundesrepublik jetzt bereits jährlich sexuell missbraucht und damit zu einem grossen Teil kaum revidierbar seelisch verletzt.

Das ist die Bilanz von nur 25 Jahren Fehlhaltung - von einer so kurzen Zeit der Missachtung biblischer Urwahrheit: des Respekts vor dem Schamgefühl!

Am furchtbarsten aber: Mit dem Verlust des Schamgefühls verliert der Mensch seine spezifische Würde: die Würde seines Menschseins. Sie basiert auf einer bewussten Möglichkeit zu der Einsicht, einer sich abgrenzenden Verhüllung bedürftig zu sein; denn diese hütet das Geheimnis seiner Unvollkommenheit.

Umhüllung im weitesten Sinn bewahrt ihn vor Einblick und Auslieferung sowie der Beschämung durch Unbefugte. Deshalb vertieft die generelle Entschämung einer Gesellschaft in zunehmend verheerendem Ausmass die Vereinsamung des modernen Menschen, da der - wenn auch verschämte, weil schuldig gewordene - Verbund mit Gott schliesslich gänzlich aus den Augen verloren wird. Entschämung ist deshalb der sicherste Weg, Menschen an die Orientierungslosigkeit, an ein verderbliches, anarchistisches Chaos auszuliefern. Sodoms Schicksal kann dann nicht ausbleiben.

Bei den Propheten Jeremia und Jesaja wird deshalb auch der religiöse Abfall des auserwählten Volkes von ihrem Gott als schamlose Hure dargestellt, die in Gottes Gericht konsequenterweise mit öffentlicher Entblössung bestraft wird. Besonders bei Ezechiel 16, 36-39 wird das verdeutlicht: "Also spricht Jahwe, der Herr: Weil du enthüllest deine Scham und in deiner unzüchtigen Gier deine Blösse aufdecktest vor deinen Liebhabern und vor all deinen abscheulichen Götzen, und wegen des Blutes deiner Kinder, die du ihnen gegeben hast, siehe, darum will ich versammeln alle deine Liebhaber, denen du gefallen hast, und alle die, welche du liebtest, samt jenen, welche du nicht liebtest, ja, ich versammle sie wider dich von allen Seiten und decke deine Scham vor ihnen auf, dass sie deine ganze Blösse sehen. Und ich richte dich, wie man Ehebrecherinnen und Mörderinnen richtet, und bringe Grimm und Eifer über dich. Ich werde dich in ihre Hände überliefern, und sie werden deine Höhen niederreissen und deine Erhebungen zerstören, und sie werden dir deine Kleider ausziehen und deine Schmucksachen wegnehmen und dich nackt und bloss liegenlassen."

Viel Schamvolles also kommt in der Bibel zum Ausdruck - und lässt man es Revue passieren, so steht keinesfalls die Übertretung kleiner sittlicher Verfehlungen im Vordergrund, sondern immer handelt es sich vor allem um das eine beschämende Grunderlebnis: Der so schamvollen, törichten Treulosigkeit gegen den lieben-den barmherzigen langmütigen Vater Gott. Die Bibel wird falsch interpretiert, wenn man sie als ein Dokument der Prüderie versteht. Selbst die Sünde geschlechtlicher Masslosigkeit ist immer erst lediglich eine Folge einer grundsätzlichen Verletzung des Bundes mit Gott. Diese zentrale, auch für unsere gottlose Zeit immer neu beängstigende Aussage - denn keiner von uns kommt schliesslich um diese Sünden-Erblast und neue Sündentat herum - endet für den Christen aber gnädigerweise in der Frohen Botschaft; denn Christus hat die angebissene Frucht, die Zerstörung der Vollkommenheit in der Gemeinschaft mit Gott schliesslich für uns doch noch wieder heil gemacht. Er hat die vollkommene Perle seines Himmelreiches neu für uns gekauft. Seitdem rettet uns der Sprung in dieses Vertrauen, in diesen Glauben vor einer nicht endenden Schamröte.

Jenseits von Golgota gibt es für den Gläubigen nur noch eine tiefbeschämende Verhaltensweise: Sich des Bekenntnisses zum Erlöser und seiner Worte zu schämen. Diese falsche Scham allein kann ihm nun noch die neu erstellte Gemeinsamkeit mit unserem Vater Gott rauben; denn, so sagt Christus im Markusevangelium (Mk 8, 38): "Wer sich meiner und meiner Worte vor diesem ehebrecherischen und sündigen Geschlecht schämt, dessen wird sich auch der Menschensohn schämen, wenn er mit den heiligen Engeln in der Herrlichkeit seines Vaters kommen wird."

Im Grunde brauchten wir Christen keine Not mehr zu haben, selbst nicht mitten in der Flut von Gomorra, in der wir alle waten. Ist unser Ich nur reif genug, den Status der Schuld nicht zu verdrängen und sich in das Licht des Erbarmens zu stellen, dann bleibt die immer noch so lebendige Schlange die Verliererin; denn wir können mit Paulus jubelnd wissen: "Tod, wo ist dein Stachel, Hölle, wo ist dein Sieg?"

Gottgehorsame Sittlichkeit statt Moral der Beliebigkeit

Auf dem Boden des liberalistischen Trends unseres Zeitgeistes musste die Krise unserer Kirche aber auch zu einer Krise ihrer Sittenlehre werden. Da war es nun angebrochen, dieses einmalig schöne Zeitalter durch die Erfindung der Pinkuspille, da gab es nun endlich den Genuss ohne Reue. Da konnten endlich all die überflüssig werdenden Tabus, die zur Treue in der Ehe auf Lebenszeit genötigt hatten, aufgelöst werden. Da durfte nun endlich unbeschadet - so schien es - von jeder oder jedem mit jedem oder jeder von der Wiege bis zum Grabe ungeschmälert Lustfreude erlebt werden. Und nur die reaktionäre Enzyklika Humanae vitae des Vatikans musste in all dem freudigen Aufbruch der sechziger Jahre mit einer wahrhaft reaktionären Bremse dazwischenfahren!

Heute, 25 Jahre später, hat sich die Enzyklika Humanae vitae als das bestätigt, was sie sein wollte: als ein Schutz des Kirchenvolkes vor unheilvollen Sackgassen; denn heute liegen die Folgen einer grenzenlos liberalisierten Lebensform auf dem Tisch. Heute haben sich die Eheschliessungen um die Hälfte dezimiert. Millionen leben in Ehen ohne Trauschein, die in der Mehrzahl zu einer Dezimierung von Familiengründungen führen. Von 2,6 Kindern pro Familie hat sich deshalb ein genereller Geburtenschwund auf 1,4 eingependelt. In Gesamtdeutschland wird neuerdings bereits fast jede 2. Ehe wieder geschieden. Um die 100'000 unmündige Kinder werden Jahr für Jahr zu Scheidungswaisen. Die Frauenkrankheiten der junge Frauen boomen: Gebärunfähigkeit durch Unterleibsentzündungen, eine starke Zunahme des Brustkrebses, und ganz neu bei den Zwanzig- bis Dreissigjährigen (und zwar nur bei den viel und promiskuitiv sexuell Aktiven) die Entstehung von Gebärmutterhalskrebs. Ebenso sind die Geschlechtskrankheiten in die Höhe geschnellt - ungehindert grassiert die tödliche Geschlechtskrankheit AIDS. Darüber hinaus: wir Psychotherapeuten müssen uns aufs neue mit vielen jungen Menschen abmühen, die durch ihre sexuellen Erfahrungen in frühen Jahren, durch ihre Enttäuschungen mit dem Sexpartner, starke Einbussen ihrer seelischen Kraft bis zu Depressionen mit Suizidneigungen erlitten. Und fast immer ist in diesen Menschen der Traum vom zweisamen Glück zerschellt. Sie sind auf dem Weg zum Single - nicht auf dem Boden von "Autonomie", sondern von glücksmindernder und lähmender Frustriertheit.

Es darf in diesem Zusammenhang auch nicht unerwähnt bleiben, dass der grosse Feldzug zum vorehelichen Geschlechtsverkehr von der Geschlechtsreife ab am Anfang eine bewusst gezielte Agitation war, um durch zu frühe Entbindung der Pubertierenden aus ihren Familien - wie der Avantgardist Kentler es in seiner Propagandaschrift Sexualerziehung[16] von 1970 unverblümt artikuliert - ein hinreichend grosses "revolutionäres Potential" zur Abschaffung der "bourgeoisen" Gesellschaft zu gewinnen. Heute hat sich dieser Zweck zwar zu einer verallgemeinerten Gepflogenheit verselbständigt; aber muss es angesichts unserer Situation den Jugendlichen denn wirklich noch weiter verschwiegen werden, dass auch hier nicht ihr Glück, sondern böse Manipulation geplant war - gar nicht viel anders und von den Verführten ähnlich unerkannt wie die Indoktrination der Jugend durch Hitler? Und last but not least drückt der Abtreibungsboom mit zirka 300'000 Abtreibungen in unserer Republik pro Jahr, mit seinen psychischen

Folgen, dem Elend eines bedrückend schlechten Gewissens, dem Sexzeitalter seinen dunklen Stempel auf - hatte doch der liberalistische Geist die Vorstellung entwickelt, das Problem liesse sich durch Propagierung von Verhütungsmitteln über den Sexualkundeunterricht im Griff behalten. Aber auch dies erwies sich als Fehlkalkulation auf dem Boden einer Überschätzung der Möglichkeit, den grossen Fortpflanzungstrieb mit rationaler Technik und Appellen an die Vernunft steuern zu können.

Die Forderung der katholischen Sittenlehre: Enthaltsamkeit vor der Ehe, Ein-Ehe auf Lebenszeit mit Beschränkung der Sexualität auf die Ehe, eheliche Treue also mit Einbindung der Sexualität in das gegenseitige Liebesgebot der Partner, das heisst der Bemühung um eine Kultivierung ehelicher Liebe statt Auslieferung an den Trieb und infolgedessen Ablehnung der mechanischen oder chemischen Verhütungsmittel, sowie ein striktes Verbot der Abtreibung, da der Mensch von der Zeugung an gottgeschaffener Mensch ist - das alles, so zeigt sich durch die neu gewonnenen Fakten und Erfahrungen eindeutig - sind heilsame Empfehlungen für den Menschen. Sie haben die Chance, ihn seelisch und körperlich eher gesund zu erhalten und seine Glücksmöglichkeiten eher zu steigern als sie zu mindern, wie man, die kirchlichen Verordnungen steinigend, vermutet.

Die negative Bilanz der Sexwelle freilich wird als Information in den Medien streng verschwiegen, ja, mehr noch: Die verdrängte Wahrheit führt zu gesteigerter Wut auf die auch in dieser Hinsicht recht behaltende römische Kirche. Das wiederum schürt die Medienangriffe und führt zu einer weiteren Verunsicherung vor allem der jungen Katholiken.

Als "lebensfeindlich" wurde vor kurzem in einem Turm-Talk des Fernsehens unter der Moderation des ehemaligen Spiegel-Chefredakteur Böhme einmal mehr die katholische Kirche verschrien - lebensfeindlich wegen des verordneten Zölibats ihrer Priester, vor allem aber wegen ihrer Sexualmoral, die die schöne neue Errungenschaft eines endlich freien, von der Fortpflanzung abgekoppelten Geschlechtslebens so "altbacken behindert".

Ebenso mühsam wie tapfer versuchten zwei Priester den Anwürfen standzuhalten und ihre Kirche zu verteidigen. Zureichend konnte bei den nur so kurz gehaltenen Voten freilich kaum zum Ausdruck gebracht werden: 1.) Dass die Aussagen der Kirche in der von Gott offenbarten Wahrheit der Bibel gründen, die gleichzeitig ein vieltausendjähriges Psychologiebuch von grösster Relevanz über das Wesen des Menschen ist. 2.) Dass die neuen, zur Sexualität befreiten Lebensformen immerhin im Westen an die dreissig Jahre existieren, so dass heute die Fragen nach ihrer Bewährung gestellt und beantwortet werden können. Und 3.) dass diese beiden Erfahrungsbereiche die lehramtlichen Empfehlungen des Vatikans in einer eklatanten Weise abzustützen vermögen.

Es ist deshalb ebenso unverschämt wie kurzsichtig, wenn die Trends in unserem Zeitgeist der Papstkirche unterstellen, sie hätten nichts weiter im Sinn, als durch ihre Sexualmoral den Menschen die Lebensfreude zu vergällen, und diese durch Leibfeindlichkeit in ein Korsett unterwürfigen Untertanengeistes zu zwingen, um einem unheiligen Machtbedürfnis zu frönen. Diese - dem marxistischen Denkgebäude entliehene Theorie - wird den vielen Verlautbarungen der Päpste unseres

Jahrhunderts zu diesem Thema nicht im mindesten gerecht und lässt vermuten, dass hier eher leichtfertig bis böswillig nachgeplappert statt nachgeprüft wird.

Im Folgenden soll der Versuch gemacht werden, die Aussage der Genesis 1, 27 unter Zuhilfenahme tiefenpsychologischer Symbollehre und psychotherapeutischer Erfahrung auszudeuten, um so zum Verständnis der lehramtlichen Empfehlungen auf dem Gebiet der katholischen Sexualmoral beizutragen.

Exkurs

"Und Gott schuf den Menschen nach seinem Bilde, nach dem Bilde Gottes schuf er ihn, als Mann und als Frau schuf er sie. Gott segnete sie, und Gott sprach zu ihnen: Seid fruchtbar und mehret euch und erfüllet die Erde und macht sie euch untertan. Herrschet über die Fische des Meeres und über die Vögel des Himmels und über alles Getier, das sich auf der Erde regt!" Um diesen Satz, der wie ein triumphaler Posaunenstoss das Offenbarungsbuch gewissermassen einleitet, hat es in der modernen Ökologiediskussion viele kritische Debatten gegeben, auf die in diesem Rahmen nicht eingegangen werden kann. Gewiss ist diese Einführung der Bibel so etwas wie eine Grundsatzanweisung zum ehrfürchtigen, verantwortungsbewussten Umgang des Menschen mit der Natur; aber - so darf man vermuten - keineswegs mit der Erde unter unseren Füssen allein. Wir selbst sind schliesslich "aus Erde gemacht", das heisst in uns selbst sind die Naturgesetze noch machtvoll lebendig. Auch diese Natur in uns, auch all dieses "Getier" sollen wir uns untertan machen, auch über diese Natur sollen wir herrschen. Überhaupt ist nicht die Natur nach Gottes Plan als Direktor seiner Schöpfung eingesetzt, sondern der Mensch; denn er besteht nicht aus Natur allein. Er ist gleichzeitig zu einer Ebenbildlichkeit Gottes über sie hinausgehoben. Er ist begabt mit Bewusstsein, Freiheit der Entscheidung und Liebe. Die Natur ist zwar auch von Gott geschaffen, das Gefüge einer sich fort und fort entwickelnden, sich steigernden Fülle, sie ist gestaltete Urmaterie. Aber sie ist und bleibt dennoch Materie. Gott hat diesen Stoff in Gesetze gebannt; aber die Gewalt des Stoffes hat in sich noch eine starke Macht. Die Herrschaft dieses Stoffes, die Materie, ist durch den Schöpfungsakt nicht entmachtet, sondern nur gebannt. Diese Macht ist im Urprinzip der Schöpfung noch vorherrschend. Es heisst: Ich will leben! Der Selbstbehauptungstrieb ist einer der basalen Triebe aller kreatürlichen Geschöpfe, und zwar in all seiner rohen unmenschlichen Brutalität nach dem Motto: Mein Leben allein ist mir wichtig. Der Artgenosse neben mir ist mir nicht nur gleichgültig, sondern auch mein konkurrierender Feind. Und selbst die Bindungen von Tieren - vom Schwanenpaar und seiner Brut bis zu den treuen Arbeiterinnen im Ameisenstaat - sind keine Liebe, sondern sie gehorchen ohne Rücksicht dem Naturgesetz der Arterhaltung. Das ist das Grundgesetz der Natur. Aber gerade weil das so ist, will Gott nicht, dass die Natur die Alleinherrscherin bleibt. Sein Ziel mit der Schöpfung ist von Anbeginn ein höheres. Und durch Christus hat er es den Menschen direkt geoffenbart: Sein Ziel ist es, der Liebe zum absoluten Sieg zu verhelfen - und deshalb ist der Mensch, das mit Liebe, Vernunft und Bewusstsein begabte Wesen, eingesetzt mitzuhelfen, dass Gottes Reich auf Erden komme und die Erde dem Geist der Liebe untertan werde.

Diese Idee Gottes mit den Menschen ist gewiss ein schwieriges Unterfangen. Denn die Geschichte, auch die Geschichte der Bibel, ist schliesslich eine Geschichte des Versagens von uns Menschen als den freien

Mitarbeitern in diesem Auftrag; und das liegt nicht zuletzt daran, dass die Natur, der Lehm in jedem von uns, noch so mächtig ist. Gewiss, wir haben den göttlichen Anhauch in uns, wir wissen, was Liebe ist; aber wie sehr wird alles, was wir in diesem Geist tun wollen, immer wieder übertönt von unserem Natur-Egoismus! Erst einmal selbst haben, erst einmal selbst hochkommen und dabei die Ellenbogen gebrauchen, sich selbst durchsetzen, auch auf Kosten der anderen. Aber es kann mit Gottes Ziel, mit dem Sieg der Liebe, der Rücksicht, der Geduld, der Ehrfurcht, der Friedfertigkeit, dem opferbereiten Einsatz für den Nächsten nur etwas werden, wenn wir unsere Natur diesem Ziel einordnen. "Macht euch die Erde untertan", das heisst: Nutzt alle eure Naturkräfte in Ehrfurcht, auch euren eigenen Leib, auch eure eigene Triebkraft, aber dämmt sie so ein, dass weder innen noch aussen die rohe Natur die Oberhand hat, sondern eure Ebenbildlichkeit, und das heisst, dass die Liebe in euren Handlungen mehr Vorrang bekommt als euer Uregoismus.

Nirgendwo in der Bibel ist von einer "Wildnis" Gottes, sondern in solchen Gleichnissen vom Garten, vom Weinberg Gottes die Rede, und ihre Herstellung aus der Natur setzt unbedingt die schweisstreibende, arbeitende, liebevoll ordnende Hand des Gärtners bzw. des Weinbauers voraus.

Auch die Natur in uns selbst will von uns begärtnert werden. Hier gibt es viel Unkraut auszurupfen, Bequemes, Negatives und zerstörerisch Niedriges zu bekämpfen. Der Lebensweg des Einzelnen und der Menschheit geht von der Mutter Natur zum Vater Geist, vom Ich zum Du, von der Sterblichkeit zur Ewigkeit. Der zentrale Lebensauftrag des Menschen besteht also in einem

Differenzieren und Kultivieren unserer zunächst noch sehr triebhaft unterlegten Formen des Liebens. Wir sollen uns anscheinend gewissermassen durch die Erde hindurch in eine reinere Gebirgsluft hinaufliehen. Das ist mit dem "Erheben der Herzen zum Herrn" während der Eucharistiefeier gemeint, ebenso wie mit der Orientierung unseres Liebens an der "reinen Magd" Maria und schliesslich an Jesus Christus. Weil dieser Lebensauftrag immer auch etwas mit einem Entmachten der Vorherrschaft Erde zu tun hat, weil sie - zwar ehrfürchtig geliebt und gepflegt - dennoch in uns untertan werden soll, deshalb kann kein geheiligtes Petrusamt die Schranken zur Vorherrschaft der Natur öffnen.

Seelenwildnis ist von Gott nicht gewollt, weil wir darin ersticken und von der Natur (wie Hänsel bei der Hexe) gefangen gesetzt werden und so in die Gefahr geraten, von ihr verschlungen zu werden. Es ist unsere Gottähnlichkeit, die uns antreibt, Gefahren dieser Art zu meiden und unseren Agape-Auftrag in der Welt zu verwirklichen, und das heisst in einem gehorsamen "Fiat" Christus und der Gottesmutter nachzuleben.

Diese Ausdeutung war nötig, weil es so eher möglich ist zu verstehen, dass die durch Christus festgeschriebene monogame Einehe auf Lebenszeit nicht etwa etwas Zeitbedingtes ist, sondern eine dem Erden-Menschen notwendige Form, die im Bund mit dem nahen Gott Heiligung des Schöpfungsauftrages "Seid fruchtbar und mehret euch" bedeutet. Weil die Natur in uns, der Nahrungstrieb, der Selbsterhaltungstrieb und der Geschlechtstrieb, ungebändigt zur Masslosigkeit und damit zu chaotischer Verwilderung des Einzelnen und der Gesellschaften neigen, ist ihre Eingrenzung im Dekalog festgeschrieben und der Weg der Verwirklichung im

Vorbild des freiwilligen Liebesgehorsams für Gott durch Jesus Christus vorgelebt worden. Nicht das Gesetz allein, sondern vorrangig die Liebe in der Einehe auf Lebenszeit ist deshalb seit Christus zur Via regia einer massvoll gezügelten Sexualität geworden.

Das Grossexperiment der Moderne, das Konzept der Einehe auf Lebenszeit ad acta zu legen, ist deshalb in allen Gesellschaften, die das versuchten, im Osten auf dem Boden der marxistischen Theorie ebenso wie im Westen auf dem Boden des Liberalismus, in millionenfachem Leid und millionenfacher Schwächung von Lebenskraft gescheitert. Es hat generell zu einer Art Ehescheu geführt, und darüber hinaus die Ehen ohne Trauschein, das heisst das Zusammenleben ohne Verbindlichkeit gefördert. Aber diese Lebensform erweist sich immer weniger als Garant dauerhaften Glücks. Die Schmerzhaftigkeit der Trennungen erhöhen auch hier die Tendenz zum Single-Dasein; das heisst zum Rückzug in eine Einsamkeit, die der Nährboden von Depressionen ist. Und selbst diejenigen Paare, die ohne institutionelle Bindung gewollt kinderlos zusammenbleiben, leiden alternd doch nur allzu oft an Unzufriedenheit und depressiven Tendenzen, da die Verweigerung der Familienbildung eine Form elementarer Sinnerfüllung unmöglich gemacht hat.

Diese weltweit negative Bilanz beweist geradezu, dass die Weisung Christi, an der Einehe auf Lebenszeit festzuhalten, selbst heute nicht veraltet ist. Hier gibt vielmehr ein liebender Gott, der das Wesen und die Schwächen seiner Menschen kennt, ein Gebot, die ihn in Liebe vor sich selbst zu schützen sucht. Es ist deshalb lediglich eine Dokumentation von Wahrheit, wenn die katholische Kirche die Ehe zum Sakrament erhob; denn

sie ist im Sinne des grossen Initialauftrags (seid fruchtbar und mehret euch und macht euch die Erde untertan)
von vornherein ein Vertrag zwischen dem Schöpfer und
seinem Menschenpaar. Sie ist auf Familie hin und auf
den Schutz von Kindern durch Eltern und gleichzeitig
auf einen kultivierten Umgang mit der den Menschen
frei verfügbaren Geschlechtskraft hin angelegt. Zur
menschlichen und gleichzeitig vor Gott verantwortba-
ren Eheführung gehört infolgedessen die eheliche Bemühung um eine Liebesform der Agape, wie Christus
sie als Wesensoffenbarung des seine Kinder liebenden
Vater-Gottes vorgelebt hat. Bei einer solchen Haltung
wird der Auftrag zur Familienbildung bewusst gehorsam bejaht. Diese Haltung kennt eine dem Partner
zugewandte Hellhörigkeit. Und als Folge davon kennt
sie Rücksicht und Triebverzicht um des geliebten anderen willen.

Wenn diese Eckdaten stimmen, braucht die Orientierung an der Sexualmoral der katholischen Kirche nicht
mehr so schwer zu fallen. Ein echter Christ liebt seinen
Vater Gott und freut sich dankbar darüber, dass er von
ihm ins Leben gerufen wurde. Und bereits aus dieser
Dankbarkeit erwächst ohne Krampf die Freude darüber,
als mündiger Erwachsener nach Schaffung einer Exi-
stenzbasis den Fortpflanzungsauftrag Gottes auf sich
nehmen zu dürfen. Und wie genial ist die Idee Gottes,
dass aus zwei sich liebenden Menschen eine neue Einheit, das Kind, entstehen kann. Wie sicher ist deshalb der
Wunsch nach einem Kind auch ein Beweis echter Liebe
der Partner füreinander!

Daraus ergibt sich aber auch, dass nur dann die
Familienbildung für ein eheliches Paar Vorrang vor
anderen Lebensentwürfen bekommen kann, wenn sie

als Sakrament, wenn sie als ein Auftrag von Gott selbst verstanden wird. Zur Genesiseinleitung und zum alttestamentarischen Festschreiben durch das sechste Gebot gehört also gewissermassen unaufgebbar die zuweisende Erläuterung von Jesus Christus: "Du sollst den Herrn, deinen Gott, lieben von ganzem Herzen und ganzem Gemüte und deinen Nächsten wie dich selbst." Auf die Ehe angewendet beinhaltet dieser Satz als erstes das Ja zur Familienbildung als Liebestat und Liebesgehorsam für den Auftraggeber Gott und als zweites das Bemühen um eine kultivierte Familienplanung im Geist der Nächstenliebe für den geliebten Partner. Und das muss eine sehr grundsätzliche Zügelung des Geschlechtstriebes dann bedeuten, wenn er sich über die Würde und über die Belastbarkeit des Partners hinwegzusetzen sucht. Kultivierung hat grundsätzlich etwas mit Achtung, mit Ehrfurcht zu tun, das heisst, sie wächst immer aus einer Dominanz von Liebe und Vernunft gegen hemmungsloses egozentrisches Sichausweiten. Und Haltungen dieser Art erbringen deshalb Segen, weil ein solches Masshalten Lebensreife und Glückstiefe zur Folge hat. Nur durch horchbereite Rücksicht aufeinander entsteht mehr Liebe, die dadurch auf Dauer hoffen kann. Wer in dieser Weise Ehe als eine, gewiss nicht immer einfache, aber grosse, sinnreiche, kostbare Aufgabe füreinander und miteinander versteht, kann überhaupt erst ein instinktsicheres Misstrauen gegen all die Angebote zur Lust ohne Reue, zu all den glücksverheissenden Künstlichkeiten unserer Verhütungsindustrie entwickeln.

Wie leicht fallen wir Menschen nun einmal herein auf all das Geglitzer der Angebote zu raschem Glück, die sich im Nachhinein als Fallen von schrecklichem diabolischem Ausmass erweisen! Wie nötig wäre es, in unserer Kirche durch direkte Aufklärung neu ein Gespür für das Ausmass solcher Verführung zu wecken!

Kann es dann nicht vielleicht wirklich die Tiefe des Eheglücks steigern, wenn das junge Paar mit der intimen Vereinigung wartet, bis es verheiratet ist? Ein junges Paar, das es damit gehalten hatte, sagte mir: "Wir hielten eben nichts davon, die Weihnachtsgeschenke schon im September auszupacken. Unser Fest wurde dadurch aber wirklich voll so tiefer Freude wie an Weihnachten!"

Und eine Haltung dieser Art, die sich am Ziel einer von Gott gewollten Liebeskultur orientiert, kann dann auch zu einer Familienplanung kommen, die dieses Ziel vorrangig im Auge behält. Es sei allen Ehemännern ins Stammbuch geschrieben, dass sie bei unverdorbenen Ehefrauen eine Vertiefung ihrer Liebe hervorrufen können, wenn diese erleben, dass für ihren Mann ganz bewusst und entschieden die Liebe und Achtung für seine Frau an erster Stelle steht und danach erst (organisch in sie eingewoben) seine eigene Triebbefriedigung. Liebeskultur in der Ehe macht natürliche Familienplanung zur Erzielung eines vernünftigen Abstandes der Kindergeburten möglich, schon ganz und gar, wenn ein Ehepaar sich (am besten bereits vor der Ehe) bewusste Kenntnis über die Körpervorgänge der Frau angeeignet hat. Eine solche kenntnisreiche Einstellung wird in der Mehrzahl der Fälle auch das Intimleben des Paares in demjenigen Zeitabschnitt, in dem die Frau noch fruchtbar, das Nest aber bereits voll ist, regeln können; denn die meisten Frauen, die mehrmals geboren haben, entwickeln ein erstaunliches Zyklusgleichmass. In gemeinsamem liebevollem Verantwortungsbewusstsein lässt sich von einem Ehepaar unseres Kulturkreises gewiss eine familiäre Angemessenheit erreichen.

Viel zu wenig findet also noch Beachtung, dass im Festhalten der Kirche an der natürlichen Empfängnisregelung eine Bemühung um die so notwendige Kultivierung der Liebe enthalten ist, dass es dabei um eine Steigerung unseres Glücks, und damit um eine Dauerhaftigkeit unserer ehelichen Liebesbeziehungen, und das heisst gleichzeitig um das Bemühen einer Minderung von Versuchungssituationen, um eine Verhinderung des Abgleitens in lieblose, eher tierische Lebensformen geht. Anweisungen dieser Art enthalten reifes Wissen um das Wesen des Menschen und seine psychischen Gefahren, nicht Unwissenheit, wie mit törichtem Gelächter heute doch häufig unterstellt wird. Es handelt sich vielmehr darum, in grosser Übereinstimmung mit dem uns in Christus offenbarten Plan Gottes mit der Menschheit, der Natur unbillige Freiräume zu pathologischer Wucherung zu verwehren.

Sexualsucht, wie sie zur Zeit so häufig als bittere Frucht enthemmter Sexualität entstanden ist, ist eine seelische Erkrankung, die den Menschen eine erbarmungswürdige seelische Verarmung aufzwingt. Dass wir heute Spezialkliniken für derlei Abhängigkeiten einrichten müssen, legt Zeugnis dafür ab, wie sehr der Mensch die Macht der ungezähmten Natur in Gestalt seiner Sexualkraft unterschätzt und seine eigene Willenskraft überschätzt hat. Kondome sind nicht deshalb allein fragwürdig, weil sie keine absolut sichere Gewähr bieten, um eine Ansteckung mit der tödlichen Geschlechtskrankheit AIDS oder unerwünschte Schwangerschaft zu vermeiden; sie sind es auch, weil durch sie wie auch durch die Antibabypille die willentliche Beschränkung des Geschlechtstriebes aus Liebe und Verantwortungsbewusstsein verlernt werden kann, so dass schliesslich nicht Befreiung zur Sexualität, sondern Diktatur der Sexualität daraus resultiert. Gerade auf diese Weise aber entsteht langfristig immer mehr Unmenschlichkeit, ja Lebensfeindlichkeit! Es sind sexualsüchtig gewordene Männer, die von ihnen abhängige junge Angestellte, die ihre eigenen Töchter sexuell missbrauchen! Sexualsüchtige Getriebenheit ist die Ursache von Serienvergewaltigungen; Sexualsucht nötigt die Befallenen, sich an Perversionen auszuliefern, die ihr Gewissen schwer belasten und ihr Selbstwertgefühl zerstören. Und je mehr Menschen sexualsüchtig gemacht worden sind, umso mehr verfallen sie dem Versuch, das Vergötzungskonzept von Sexualität auch - am besten mit Hilfe der Medien - möglichst vielen anderen aufzunötigen, um durch Mehrheiten eine Art Solidarität der Sünder und damit eine Entlastung von eigener Verzweiflungsnähe zu erreichen.

Auch auf die Homosexualität trifft dieses zu. In Wahrheit ist schliesslich nur ein verschwindender Teil der Homosexuellen durch hormonelle Fehlpolung angeboren homosexuell. Das Hauptpotential wird durch eine Fehlprägung in der Kindheit verursacht. Aber ein Grossteil der heute homosexuell Lebenden ist lediglich durch die ihnen aufgenötigte Desinformation auf diese Schiene geraten, indem man ihnen vermittelte, dass eine homoerotische Neigung in jungen Jahren ein Erkennungsmerkmal für homosexuelle Veranlagung sei. Durch diese weltweite Kampagne gibt es heute ein Heer von sogenannten "Bisexuellen", die also durchaus heterosexuell potent, und das heisst eben eigentlich gar nicht homosexuell sind. Der neue Homosexuellen-Boom ist also eine Folge künstlicher, beabsichtigter Verführung der Jugend. Aber gerade die Bisexuellen sind heute die Gruppe, die neben den rauschgiftsüchtigen Prostituierten zur allgemein werdenden Verbreitung von AIDS durch Ansteckung von Frauen und Kindern im Mutterleib beiträgt (denn auch Kondome schützen schliesslich nicht mit Sicherheit vor einer Infektion).

Die Standfestigkeit Roms zu diesem Thema mit der vom Papst abgesegneten Verlautbarung von Kardinal Ratzinger von 1986 ist aber nicht nur nicht in der Öffentlichkeit bekannt gemacht worden, sondern die vatikanische Einstellung zur Homosexualität ist zu einer Hauptbastion wütender Angriffe geworden, wobei heuchlerisch unterstellt wird, die katholische Kirche diskriminiere die Homosexuellen.

Dass gerade dieses mit Nachdruck von Rom abgewiesen wurde, ganz im Sinne des Augustinus: Den Sünder zu lieben und die Sünde zu meiden, wird in keiner Mediendiskussion eingebracht. Bei den desinformierten Katholiken festigt sich deshalb die falsche Vorstellung, einer inhumanen starren reaktionären, unzeitgemässen Konfession anzugehören, der man dringend zu mehr Toleranz und Offenheit raten sollte. Und bleibt der Vatikan "stur", so fühlt sich der moderne fortschrittlich sein wollende Katholik eben genötigt, konträr zu Rom diese "Toleranz und Offenheit" wahrzunehmen und zu artikulieren.

Bei genauem Hinsehen entpuppen sich also die Weisungen des Papstes zur Sexualmoral nicht nur nicht als unmenschlich und lebensfeindlich, sondern gerade umgekehrt: Als nur allzu berechtigte, dringend gebotene Warnungen vor modischen Abgründen der Unmenschlichkeit, ja, des Verderbens. Die römische Unnachgiebigkeit im Bereich der Sexualmoral erweist sich bei genauerem Hinsehen keineswegs als ein erstarrtes, veraltetes Festhalten an einer Moral, die für die Moderne nicht mehr gelten kann. Es handelt sich hier vielmehr um den getreuen Gehorsam eines Hirtenamtes im Schöpfungsplan Gottes. Die römischen Anweisungen sind deshalb ganz im Sinne Jesu Christi die Via regia, um uns - durch all die Vorherrschaft von Erde in uns und um uns hindurch - in Menschlichkeit einzuüben.

Als wenn es nicht darauf ankäme, die Notwendigkeit eines Hirtenamtes für uns, die so verführungsbereiten Herdenwesen durch einen diabolischen Zeitgeist, in den Mittelpunkt zu rücken; als wenn wir uns nicht freuen sollten, aus Rom immer noch gottbegnadete, ganz offensichtlich gottgewollte Orientierung zu bekommen! Wenn wir uns nicht manipulieren und anfechten lassen, sind heute glasklar die guten von den schlechten Früchten zu eindeutiger Unterscheidung erkennbar, und diese Einsicht ist für uns Katholiken Grund zur Freude - aber auch zu dem Impuls, angesichts der verheerenden Verführungssituation alles nur Erdenkliche an Kraft und Einigkeit aufzuwenden, um sich unserer Kirchenleitung an die Seite zu stellen und sehr bewusst eine Wagenburg der Verteidigung um das sich so tapfer bewährende Petrusamt zu erstellen, statt sich den Wühlmäusen zuzugesellen, die manches Terrain an den Rändern der Kirche bereits zum Abbröckeln gebracht haben. Die Geschichte und unser Gott werden uns danach wiegen, ob und wie wir uns diesen Angriffen der lebensfeindlichen Kräfte gegenüber verhalten haben. Wir im demokratischen Westen sind in unserer Entscheidung dabei ganz frei. Wir stehen infolgedessen aber auch in einer ganz besonderen persönlichen Verantwortung. Sehr dezidiert kommt es für jeden einzelnen bewussten Katholiken in unserer Situation darauf an, auf welche Seite wir uns hier nun schlagen.

Gottgewollte Sittlichkeit statt eine Moral der Beliebigkeit erweist sich gerade heute keineswegs als eine von vielen Lebensformen, der sich allein die katholische

Kirche befleissigt. Sie ist eine Conditio sine qua non für die Menschheit schlechthin. Ich möchte versuchen, das mit Hilfe einer Beschreibung der politischen Irrwege unseres Jahrhunderts zu belegen. Der Massstab dazu soll abermals an einer Genesisausdeutung gefunden werden.

In Genesis 2, 16 heisst es: "Dann gebot Gott, der Herr, dem Menschen: Von allen Bäumen des Gartens darfst du essen, doch vom Baum der Erkenntnis von Gut und Böse darfst du nicht essen; denn sobald du davon isst, wirst du sterben." Und in Abschnitt 3, 4-7 heisst es dann weiter über die Schlange im Gespräch mit Eva: "Nein, ihr werdet nicht sterben. Gott weiss vielmehr: Sobald ihr davon esst, gehen euch die Augen auf; ihr werdet wie Gott und erkennt Gut und Böse. Da sah die Frau, dass es köstlich wäre, von dem Baum zu essen, dass der Baum eine Augenweide war und dazu verlockte, klug zu werden. Sie nahm von seinen Früchten und ass; sie gab auch ihrem Mann, der bei ihr war, und auch er ass. Da gingen beiden die Augen auf, und sie erkannten, dass sie nackt waren."

Und nachdem Gott-Vater nun den Ungehorsam aufgedeckt hatte und Bestimmungen für ihr Leben jenseits von Eden getroffen hatte, sagte er in Kapitel 3, Vers 22-24: "Seht, der Mensch ist geworden wie wir; er erkennt Gut und Böse. Dass er jetzt nicht die Hand ausstreckt, auch vom Baum des Lebens nimmt, davon isst und ewig lebt! Gott, der Herr, schickte ihn aus dem Garten von Eden weg, damit er den Ackerboden bestellte, von dem er genommen war. Er vertrieb den Menschen und stellte östlich des Gartens von Eden die Cherubim auf und das lodernde Flammenschwert, damit sie den Weg zum Baum des Lebens bewachten."

Hier wird unmissverständlich ausgesagt: Im Bund mit Gott gibt es den Konflikt zwischen gut und böse nicht. In Einigkeit mit ihm besitzt der Mensch zwar eine, wenn auch begrenzte, Handlungsfreiheit, aber im Schutzmantel Gottes (eben im Garten Eden) ist es ihm mit leichter Selbstverständlichkeit möglich, das Gute zu leben. Erst die Schlange zerstört diese Harmonie. Hoffnungslos geht dieser paradiesische Seelenfrieden dahin, wenn der Mensch sich anmasst, die von Gott gesetzten Grenzen zu überschreiten. Durch den Ungehorsam fällt er aus der Einheit mit Gott heraus und sieht sich nun nicht nur versucht, sondern ist später dadurch geradezu genötigt, allein zu bestimmen, was er für gut und böse hält.

Die Grenzüberschreitung seiner partiellen Freiheit, dieser Verrat des Bundes mit Gott an die Schlange durch Ungehorsam ist identisch mit dem Verlust der Geborgenheit in IHM, des Friedens durch IHN, bedeutet den absoluten Verlust an Sicherheit und hat die selbst gewählte Austreibung hinein in einen elenden Zustand zur Folge: Der Auslieferung an die Vorherrschaft nun nicht mehr der Liebe, sondern des Materiellen in seinem Leben - bis zu der Konsequenz einer absoluten Verfallenheit an die Natur im Tod, des Wieder-zu-Staub-Werdens. Aber vorher ist eingehandelt: das fortgesetzte Angefochtensein und Angefallenwerden von dem Bösen und durch das Böse im nun in der Tat elend werdenden Entscheidungskampf zwischen dem zunächst schwer scheinenden Guten und dem zunächst leicht scheinenden Bösen mit dem immer neu hohen bitteren Preis: Des Hinabgezogenwerdens, des Eingeebnetwerdens in den Urstoff, in die bäuchige, triviale Plattheit der Urschlange hinein. Ewigkeit kann es in diesem Status, dem Status der Festgebanntheit an die Materie, der Ausgeliefertheit an die Versuchung zum Bösen nicht geben. Deshalb schliesst Gott nach dem Sündenfall die Rückkehr des Menschen ins Paradies in diesem Zustand aus. Deshalb erleidet der, der das in egoistischer Aktivität versucht, feurige Vernichtung durch den Cherub mit dem Flammenschwert.

Der barmherzige Gott macht freilich die Rückkehr zu ihm seit Golgota dennoch möglich, teuer erkauft zwar, aber gerade deshalb unendlich erlösend und beglükkend. Im bussfertigen Zustand kann Begnadung und ewiges Leben seitdem durch Jesus Christus wieder erlangt werden. Jeder einzelne Mensch, jede Gesellschaft kann seitdem diese Heimkehr wählen. Er bzw. sie kann auch jeweils zeitgemäss das Urdrama neu wiederholen; und immer neu ergibt sich die Erfahrung: im Bund mit Gott gibt es eine Orientierungsmöglichkeit hin zum wirklich wahren Guten. Im Abfall von Gott, in der Selbstentsetzung verwirrt sich der Mensch in einer Beliebigkeit seiner Moral, die unweigerlich ihre Zersetzung und seinen Untergang bedeutet. Dieses möchte ich jetzt an einigen Beispielen aus unserem Jahrhundert exemplifizieren.

Seit den 68er Jahren spricht man in der Bundesrepublik davon, dass eine "neue Moral" die alte, veraltete, christliche, abzulösen habe. Diese sogenannte progressive Moral richtet sich nicht nach irgendeiner autoritären Instanz, etwa nach Gott oder - noch viel verabscheuenswerter - etwa nach dem Papst, sondern nach einem demokratisch zu suchenden Grundkonsens. Demokratie aber beruht auf den Beschlüssen von Mehrheiten. Deshalb haben in jüngster Zeit die Meinungsforschungsinstitute eine so grosse Bedeutung erlangt. Es gilt, herauszufinden, was die Mehrheit wünscht, lebt, für bedeutsam wichtig, gut und richtig hält, um sich dann in seinem Tun und Lassen danach auszurichten. Das ist der vielberufene sogenannte "Wertewandel" in unserer Zeit.

Bei einer Erhebung des Allensbacher Instituts für Demoskopie war im Jahr 1973 z. B. das Ergebnis folgender Befragung publiziert worden: Einer repräsentativen Bevölkerungszahl der Bundesrepublik war die Frage gestellt worden, ob man seine Eltern uneingeschränkt lieben müsse. Damals beantwortete eine nicht mehr allzu hohe Mehrheit von 64% diese Frage mit Ja. Die Medien griffen damals das Ergebnis auf und sprachen von einer bedeutsamen Minderung der Geltung des 4. Gebots. Es begann geradezu ein Krieg gegen die Eltern. Zuhauf wurde ihnen in den kommenden beiden Jahrzehnten immer wieder in den Medien abgesprochen, ihren Kindern Vorgaben machen zu dürfen, sie wurden als autoritäre "Chauvis" verteufelt. Sie wurden den Kindern oft sogar in den Schulbüchern als unzureichend dargestellt und die Art, ihre Kinder zu erziehen, lächerlich gemacht. Die Folge: Als im Januar 1993 die gleiche Frage noch einmal an die Bevölkerung gerichtet wurde, war es nur noch eine Minderheit von 47%, die sich zur Elternliebe bekannte. Das bedeutet: Die zur Disposition gestellte Frage, ob es moralisch verpflichtend sei, seine Eltern dankbar zu respektieren, die in der Presse sensationell aufgeputschten Kommentare darüber, die den Zweifel verstärkten, setzten einen Trend in Gang, der eine negative Eigendynamik entwickelte. Falls in der Bevölkerung dieses jüngste Befragungsergebnis durch Medienverstärkung wach gehalten wird, falls immer mehr Menschen darüber informiert werden, dass es nur noch eine Minderheit ist, die Elternliebe für wertvoll erachtet, können wir sicher sein, dass nach weiteren zehn Jahren Elternliebe als moralischer Wert noch weiter absinken wird. Wer seine Eltern nicht mehr zu lieben braucht, ist binnen kurzem auch gewiss nicht mehr verpflichtet, für ein würdiges Altersleben von ihnen Sorge zu tragen. Der Schwund dieser moralischen

Verpflichtung drückt sich jetzt bereits in der neu notwendig gewordenen Pflegeversicherung für die Alten aus.

Verheerender noch, weil durch abwertende Kommentierung effektiver, wirkte eine Spiegel-Umfrage aus dem Jahre 1967. Die Frage, ob Jesus leiblich auferstanden sei, beantworteten damals 39% der Bundesbürger mit Ja. 1992 waren es nur noch 33%. Die Frage, ob Jesus Gottes Sohn sei, bejahten damals 42%, 1992 nur noch 29%. Eine Minderheit von 36% konnte sich bereits 1967 nur noch vorstellen, dass Christus von einer Jungfrau geboren sei. 1992 war es noch ein schmales Grüpplein von 22%!

Laut Emnid-Institut bejahten 1967 schon nur noch 17% der Katholiken das Pillenverbot durch die Enzyklika Humanae vitae (es war dem eine beispiellose, monatelange Medienschelte aus allen Kanälen unisono vorausgegangen). 1992 aber sind es sogar nur noch 6%! Das heisst also, 94% (der Katholiken wohlgemerkt!) können dem Pillenverbot ihres Papstes nicht mehr zustimmen!

Besonders diese Zahlen sind ein eklatantes Beispiel dafür, dass der Mensch zum Spielball der dominierenden Trends wird, wenn er nicht fest im Verbund mit Gott bleibt; denn gäbe es auch nur annähernd lautstark verbreitete wahrheitsgemässe Information der Bevölkerung über die Auswirkungen der Pille, sähe ein solches Ergebnis gewiss anders aus. Die Pille hat Verheerungen unauslotbaren Ausmasses heraufbeschworen. (Sie sind am Eingang dieses Kapitels bereits beschrieben worden.)

Aber ein gigantisches Täuschungsmanöver verhindert den notwendigen, heilsamen Lernprozess. Und 94% der Katholiken sind dem bereits zum Opfer gefallen!

Resümee: die gesellschaftliche Selbstentsetzung von wahr und falsch, gut und böse führt zu einer mitläuferischen Auslieferung an den reissenden Trendstrom, gegen den - ohne bewussten Durchblick - individueller Widerstand kaum möglich ist. Die Mächtigkeit dieses Stromes wird heute bestimmt von der Vergötzung eines lustvollen Antriebs, durch seine scheinbar gefahrlose Verwirklichungsmöglichkeit, durch eine die negativen Erfahrungen tabuisierende Desinformation - vor allem aber durch den mitreissenden Geist der Mehrheit. Mit der fortschrittlichen Mehrheit d'accord zu sein, erzeugt im Menschen nun einmal ein beglückendes Gefühl von Richtig-Sein, von Eingeborgen-Sein in der Masse der Gleichgesinnten, ja, eben ein Gefühl von Gut-Sein. Dieses Verführungskonzept ist für den armen Menschen von gigantischer Durchschlagskraft; denn die Einigkeit mit den Vielen berauscht ihn und macht ihn damit blind und taub, selbst gegen die vielen negativen Erfahrungen, die er beobachten und selbst erleben könnte, wenn ihm noch eine hinreichende Realitätskontrolle zur Verfügung stünde.

Die Reihe der Beispiele, die aufzeigen, dass eine geistige Erblindung im Mitläuferrausch, dass eine Deformation der Erkenntnis von Gut und Böse entsteht, wenn die Mehrheit zum Massstab der Moral ernannt wird, lassen sich beliebig verlängern. Geradezu hirnrissige Massnahmen können wider allen negativen Augenschein so zum Standard erhoben werden und langfristig tiefgreifendste Schäden ohne Revisionsmöglichkeiten in Gang setzen. Die Lockerung des Paragraphen 218 von 1976 ist dafür ein Rubikon-Beispiel gewesen, das sich als nicht wirklich revidierbar erwiesen hat. 1976 hatten die standhaften Christen im Parlament, die sich gegen die Straffreiheit bei der neu geschaffenen sogenannten sozialen Indikation stemmten, noch die Zusicherung erfahren, dass man die Angelegenheit nach zehn Jahren neu prüfen würde, wenn sich die angeblich erhoffte Wirkung: eine Minderung der Abtreibungszahlen, nicht einstellen würde. Als die Zahlen sich aber wenige Jahre später zu einem Abtreibungsboom vervielfältigt hatten, gab es durch das verlorene Unrechtsbewusstsein im reissenden Strom der Mehrheiten für die schutzlos gewordenen Ungeborenen nicht die geringste Chance mehr, eine gesetzliche Revision zu erfahren; nein, im Gegenteil: die Mehrheit sogar der CDU-Parlamentarier stimmte jetzt für eine weitere Lockerung des Paragraphen 218 durch die Akzeptanz der ostdeutschen Fristenlösung. Und selbst das vermehrte Wissen über die bereits so menschliche Gestalt eines drei Monate alten Fötus - das die tapferen Lebensschützer gegen alle Tabuisierung vermittelt hatten - selbst das Empfinden des Grauens angesichts von Informationen über den Vorgang der Tötung eines lebendigen, aber absolut hilflosen Menschen, konnte den Mehrheitsstrom einer selbstgesetzten Legitimierung nicht mehr aufhalten, so dass sogar das Bundesverfassungsgericht in die grosse Gefahr geriet, der Mehrheit nachzugeben und das geltende Recht zu beugen. So kam in Karlsruhe nur ein unzureichend schmaler Damm gegen die Mehrheitsflut zustande. Vermutlich wird er sich gegen den Druck der selbstgesetzten Moral auf die Dauer kaum standfest erweisen können, ist er doch jetzt bereits voller Löcher.

In seinem Grundmuster entspricht dieser Vorgang seinem negativen Urvorbild: Auch Pilatus beugte das geltende Recht unter dem Druck der schreienden Mehrheit, die ihm das "Kreuzige, Kreuzige" entgegenschrie. Denn nur unter Missachtung der Realität: "Ich finde keine Schuld an ihm", lässt sich durch Verdrehung des eigentlich schützenden Rechts aus dem der Mehrheit angepassten bösen Richterspruch eine scheinbare Berechtigung zur Tötung des kostbaren unschuldigen Lebens ableiten.

Der Eigendynamik selbstgesetzter Wertung, die durch jahrzehntelange Medienverstärkung hochgespielt wurde, verdanken wir auch das höchst gefährliche Ansteigen der Kriminalität, besonders auf den Sektoren Raub und Gewalt. Ein kleines Kind abzuschieben, es als Mutter nicht selbst zu betreuen, galt noch vor 25 Jahren berechtigterweise als moralisch verwerflich. Jede Mutter konnte sich das angesichts ihres hilflosen Neugeborenen durch ihr Gewissen von Gott erlauschen. Aber dann begann der böse Anstoss der feministischen Atheistin Simone de Beauvoir mit ihrer Rede von der Mutterschaft als "Falle", als etwas Gefährlichem also, Wirkung zu zeigen. In selbstgesetzter neuer Moral wurde die Selbstbestimmung der Frau als ein höherer Wert, ja, als ein Recht, medienweit postuliert, was zur Folge hatte, dass immer mehr junge Mütter berufstätig blieben und ihre Kleinkinder Krippen, Tagesstätten, Tagesmüttern und häufig wechselnden Bezugspersonen anvertrauten, so dass die Einwurzelung ihrer Kinder in einen bergenden Grund verhindert wurde. Die Folge: Lebensbejahung, Liebes- und Arbeitsfähigkeit konnten sich bei den so Misshandelten nicht entfalten, so dass spätestens im Jugendalter bei immer mehr Heranwachsenden eine aggressive Lebensverneinung, eine Neigung zu räuberischen Übergriffen der seelischen Habenichtse, zum Brandschatzen, zum Zerschlagen und Töten an die Stelle seelischer Gesundheit trat.

Wie reagierten die Selbstsetzer der neuen Moral auf diese Minderung von Sicherheit und Ordnung in unserem Land? Zunächst mit vollmundiger Bagatellisierung. Helmut Schmidt als Bundeskanzler sprach davon, dass es sich hier um pubertäre Erscheinungen handele: "So, wie wir einst Äpfel, so klaut die Jugend heute eben in Geschäften", erklärte er. Die Folge dieser wohlwollend unmoralischen Toleranz bestand gegen alle Erfahrung (die weiss, dass es not tut, bei bösen Taten den Anfängen zu wehren) darin, die kleinen Delikte nicht mehr strafrechtlich zu verfolgen; sie wurden als "Bagatellen", als "Petitessen", wie Willy Brandt dergleichen vornehm zu bezeichnen pflegte, auch aus der Kriminalstatistik ausgegrenzt. Ja, der Justizminister von Nordrhein-Westfalen machte sogar eine Verordnung, nach der Ladendiebstahl unter 90 DM keinerlei Strafverfolgung mehr zu erwarten hatte. Die Grossmeister der gleichen Gültigkeit des Bösen mit dem Guten erzeugten infolgedessen bei ihren Nachläufern auf diese Weise eine abgestumpfte Gleichgültigkeit des Gewissens gegen den Rechtsbruch, gegen Gewalt, gegen Abartiges, gegen Schamlosigkeit und die Verletzung von Menschenwürde. Das Böse wurde in den Medien immer häufiger als gut, das Gute hingegen diffamierend als unbrauchbar, weil ewig gestrig und als dumm, dargestellt. Resultat: Die registrierten Kriminalfälle stiegen laut polizeilicher Kriminalstatistik in Deutschland von 1'789'319 im Jahre 1965 auf 6'291'519 im Jahre 1992! Und selbst ohne die Zunahme von 2 Millionen Straftaten seit der Wiedervereinigung ist das mit Zuwachs von $2\frac{1}{2}$ Millionen bis 1989 eine verheerende Bilanz. Im Grunde ist das, was uns als Niedergang der Moral durch ihre Selbstsetzung heute geschieht, deshalb nichts anderes, als was mit dem ersten Abfall der Menschen von Gott vorgebahnt wurde. Und darin lässt sich übrigens auch eine Erklärung finden dafür, wieso in zwei verbrecherischen Staatssystemen, dem Hitlers und dem des Ostens, Millionen Menschen zu begeistert-hörigen Mitläufern zu werden vermochten.

Hitler hatte im Grunde eine mehr als schlechte Idee, mit der er seine pathologische Machtgier umkleidete: Es sei gut, so hiess seine von ihm selbstgesetzte Moral, wenn die intelligente Elite die Führung in der Welt übernähme. Zu finden sei diese in der nordischen Rasse. Gut sei es, sie zu vermehren und das unbrauchbar Mindere zu eliminieren: Durch ein "Gesetz zur Verhinderung erbkranken Nachwuchses", durch Sterilisation unerwünschter Rassen, etwa der Zigeuner, durch Tötung von Behinderten und Geisteskranken, durch Vertreibung, ja schliesslich durch eine "Endlösung" in den Gaskammern für den Erzfeind der Realisation eines als gut postulierten Planes: nämlich der Vernichtung des "internationalen Judentums" (was letzteres freilich erst nach dem Zusammenbruch herauskam). Aber auch ohne Kenntnis des Holocaust in der Bevölkerung waren Hitlers Grenzüberschreitungen offenkundig genug. Und dennoch (wie heute wieder!) gerieten damals riesige Volksmassen in den Bann dieser vom Diktator selbst gesetzten Moral, weil es von ihm als das schlechthin Gute angepriesen wurde mit der raffinierten Masche, den Selbstwert des Volkes, das angeblich mehrheitlich der elitären nordischen Rasse zugehörte, als auserwählte Weltführungselite grössenwahnsinnig zu überhöhen. Das Programm Hitlers wurde vom Volk als das für die Gemeinschaft, für Volk und Vaterland heilig Notwendige, als das absolut Gute angeboten. Dieses dem geistig und physisch hungrigen und in seinem Selbstwert durch die Kriegsschuld dezimierten Volk zu suggerieren, brachte einen reissenden Strom der Massenzustimmung hervor, durch die der gesunde Menschenverstand heillos vernebelt wurde, so dass die Realitätskontrolle oft bis zum Tod "auf dem Feld der Ehre" und bei vielen Überlebenden bis zum Tag der Kapitulation verloren ging.

Dieser geistigen Erblindung verfielen damals (wie heute) durchgängig auch die für die sittliche Erziehung verantwortlichen Institutionen: die Schulen und die evangelische Kirche, und zwar, von geringem Ausnahmen abgesehen, unisono. In dem holsteinischen Gymnasium, das ich ab 1935 besuchte, wurde der Religionsunterricht abgeschafft und nur noch als Wahlfach angeboten. Aber nachdem ich meinem Vater einen Sommer lang am Mittagstisch fleissig von Odin, Wodan, und der Weltenesche Ygdrasil erzählt hatte, meldete er mich in still-seufzender Empörung ab (und da es den fünf anderen noch frommen Eltern nicht anders ging, erlosch das ganze Unternehmen binnen kurzem). Die Schule vermeldete, dass kein Bedarf mehr an Religionsunterricht bei den Schülern bestand...

Wir sollten es als Katholiken aber doch auch beglückt im Gedächtnis behalten: Damals wie heute widerstand der sündhaften Selbstsetzung der Moral allein die katholische Kirchenleitung, was schlicht dafür spricht, dass sie die richtige ist. Heute müssen meine norddeutschen Enkel sich in der Schule im evangelischen Religionsunterricht (wenn sie überhaupt ausnahmsweise welchen haben) meist linkspolitisch ausgelegte Sprüche des einstigen "Sozialrevolutionärs" Jesus von Nazaret erzählen lassen, der selbstredend von einem Mann gezeugt wurde und dessen Auferstehung lediglich als Wunschtraum seiner trauernden Anhänger zu verstehen ist.

Das Erschreckende ist also auch heute die Durchgängigkeit der Verbiegung zur trivialen Beliebigkeit, der mehrheitlich und durch die Mehrheit unberechtigterweise sanktionierten primitiven, hintergründig meist politischen Zweckgerichtetheit.

Aus solchen Tendenzen im Religionsunterricht wird auch deutlich, dass der Wahrheitsverlust (mit rascher Entsittlichung als Folge) nicht die Beliebigkeit des Liberalismus zum Vater allein hat, sondern die böse Frucht des atheistischen Sozialismus ist, mit dem wir im Westen als kalter Krieg der sowjetischen Imperialisten durchseucht und mittels des "Marsches durch die Institutionen" unterwandert wurden. Und seit wir ab 1989 nun Gelegenheit bekommen haben, mit ein wenig mehr Durchblick die Mentalität der begeisterten Anhänger jener Partei, die immer recht hatte, ins Visier zu bekommen, so lässt sich besser noch erkennen, dass nicht nur drüben unter dem Druck der Diktatur, sondern auch im freien Westen das gleiche Phänomen der Erblindung gegenüber der Realität zugunsten eines selbst gesetzten utopischen Zieles: der Vision vom selbst erschaffenen Arbeiterparadies der Zukunft, trendbestimmend war und blieb. Diese Selbstsetzung hat nämlich eine besonders makabre Dimension dadurch, dass das anzustrebende paradiesisch Gute rigorose Verwirklichung mit Gewalt zulässt. Ausdrücklich heiligt der scheinmoralische Zweck die Mittel. Das legitimierte die zur Mehrheitsübereinstimmung indoktrinierten Massen in der Sowjetunion nach der Revolution von 1917 erst einmal dazu, insgesamt 60 Millionen der eigenen Landsleute zu erschlagen, weil sie nicht gleich genug mit der Masse und damit für das Paradies untauglich waren. Sie erschlugen sie eben (mit der gleichen scheinmoralischen Legitimation wie ein paar Jahre später die KZ-Häscher die Juden auch) als die Exekutive im Dienst des ihnen eingeflüsterten scheinbar Guten! Das ist es, was uns klar werden muss, wenn wir hierzulande den Versuch machen wollen, die hartnäckig erhalten gebliebenen Blindheiten nach dem Zusammenbruch des sozialistischen Systems aufzuhellen. Es muss ins Blickfeld geraten, dass es sich bei dem ganzen Elend nicht um den Missbrauch einer guten Idee durch einen brutalen Diktator, Stalin, handelt, sondern um das Diabolische in der menschengemachten Idee an sich - beim Faschismus genauso wie beim Marxismus -, nämlich um die Selbstsetzung des Menschen und damit zuerst und zutiefst die Auslieferung der Moral an die Beliebigkeit der Zwecke - erwirkt durch indoktrinierte Mehrheiten.

Ich kann diese Übersicht über die zeitlose Methode vom Diabolos (zu deutsch: des Durcheinanderwerfers) nicht abschliessen, ohne darauf zu verweisen, dass er, nachdem zumindestens einige wenige Zeitgenossen angefangen hatten, sich ihre Verklebungen aus den Augen zu wischen, bereits mit einem neuen Inhalt und gleicher Strategie aufwartet: Der One-World-Bewegung, der multikulturellen Einheitsgesellschaft, unterlegt mit der abergläubisch-mystischen Vorstellung, Weltverbrüderung durch Weltverbindung jedes Einzelnen mit dem Weltkosmos aus eigener Kraft und mit Hilfe von Psychotechniken erwirken zu können. Auch das Konzept dieses neuen Zeitalters (New Age) ist auf selbstgemachten Weltfrieden aus: Es missachtet die geschöpfliche Vielfalt der ethnischen Unterschiede. Es ersetzt die Gleichheit aller Menschen vor Gott durch die Gleichheit aller miteinander, die des wahrhaft verbindenden Bandes (allein als Kinder eines Vaters, nämlich Gottes, zu

Brüdern und Schwestern werden zu können), nicht mehr bedarf. Das wird überflüssig, weil es kontemplativ-spiritistisch möglich ist, mit klein-kosmischer Kraft "aus dem Bauch" Weltverbrüderung selbst herstellen zu können. Auch dieses Modell aber entbindet die Moral von einem persönlichen Gott, indem sie eine fiktive Allverbundenheit aller Geschöpfe durch kosmisches Zerfliessen postuliert, und Angleichung aller an alle abermals durch Entpersönlichung erreicht werden soll. Der Wunschtraum nach Gerechtigkeit, der jedem Menschen innewohnt, der sich aber nur von Gott und durch ihn im Gericht verwirklichen lässt, mit grenzüberschreitenden Methoden im säkularen Bereich realisieren zu suchen, ist ganz besonders verführerisch und lässt sich von machtgierigen Gruppierungen unschwer zu einem Plan ausnutzen, der Mehrheiten in Massen zu gewinnen vermag. Auch hier wird das an sich und im Verbund mit Gott Gute umgemünzt zu einer nur scheinbaren Gerechtigkeit. Aber die Angleichung der so Verschiedenen aneinander beschwört grundsätzlich neue Ungerechtigkeit und damit Unruhe, Friedlosigkeiten, ja blutig-kriegerische Verwirrungen herauf.

Vorangetrieben werden die One-World-Ideen angeblich von den sogenannten "Internationalisten", speziell den Freimaurern, die nach einer mir vorliegenden Dokumentation von Dr. John Coleman auf dieser Basis einen 17-Punkte-Plan zu verwirklichen suchen. Zu ihm gehört die Auslöschung des Christentums, die Schaffung einer Einheits-Welt-Religion, um einheitliche Ausrichtung zu erwirken, sowie Pläne zur Dezimierung der Überbevölkerung mit Hilfe von Kleinkriegen, Unterstützung der Seuchenverbreitung und Untergrabung der sittlichen Kraft durch Drogen, satanische Musik und Sex. Die alte Masche vom Diabolos ist unschwer zu erkennen: Der Zweck hat auch hier die unendlich bösen Mittel zu heiligen und sanktioniert sie so bei den Anhängern.

Das eben Dargestellte an Verführung zum nur scheinbar Guten auf dem Boden einer von Gott losgelösten sündigen Beliebigkeit kann in diesem Rahmen nicht mehr als nur beispielhaft sein. Aber es zeigt dennoch auf, wie voluminös die Möglichkeiten zum Entgleiten zu verführerischer Anmassung heute gegeben sind. Und der einzige Rettungsring ist zwar auch heute immer noch für alle verfügbar, aber wir sollten aufhören zu meinen, es reiche, sich in leicht spielerischer Manier seiner zu bedienen. Wir alle haben es vielmehr nötig, uns fest mit ihm zu umgeben und ihn keine Sekunde aus dem Griff zu lassen; denn in die Tiefe ziehende Strudel gibt es heute in grosser Zahl für jeden von uns.

Im Bewusstsein der so immensen Gefahr müssen wir uns hellwach und fest so nahe wie möglich an Jesus Christus halten; denn er allein kann uns mit der Verbindung beschenken, die es uns mitten im reissenden Strom der vernichtenden Flut möglich macht, das wahrhaft Gute zu erkennen und danach zu handeln. Die erste Bedingung der Feiung auch gegen modische Anfechtung der eben beschriebenen Art ist - es sei noch einmal wiederholt - in Christi fundamentaler Anweisung enthalten: Du sollst Gott, deinen Herrn, lieben von ganzem Herzen und ganzem Gemüte. Gott lieben - das bedeutet mit dem Herzen zu ihm hinauflauschen, in Freude, in Dankbarkeit, in der Hinwendung zu ihm, im Gebet, in der Einstellung auf ihn bei Tag und bei Nacht - im Lesen und Nachsinnen über die Schrift, im Erhorchen dessen, was IHM wohl gefällt, um aus dem Erhorchten ein fröhlich selbstverständliches, weil von Liebe getragenes Gehorchen zu gewinnen. Der Spiritus sanctus ist schliesslich keine Fiktion, er vermittelt uns das Richtige, wenn unsere Hinwendung von Glauben, von Liebe und Hoffnung getragen ist.

Dennoch können wir natürlich auch hier Täuschungen erliegen. Satan ist schliesslich raffiniert, und die Vorstellung, dass er dort besonders auf dem "Qui-vive" ist, wo die "Amor dei" zu leben versucht wird, ist ganz ausser Frage. Aber deshalb sind wir Armen schliesslich mit der Kirche beschenkt worden, deshalb gibt es für uns die Möglichkeit, uns an das Lehramt zu halten, z. B. fest an den neuen Weltkatechismus. Wir sind auf diese Weise mit friedengebenden Wegweisern beschenkt, die es uns ermöglichen, in echter Freiheit, weil von der Gefahr des Mitlaufens im Lemmingenstrom befreit, nun auch die Wahrheit zu tun: In der Familie, am Arbeitsplatz, in der Gemeinde und in der immer neu gesuchten Verbindung zu unserem Erlöser in der Eucharistie. Und mehr denn je heisst in unserer Zeit "die Wahrheit zu tun", dass wir uns vor den Ungläubigen tapfer zu Christus bekennen und Häresien und Blasphemien unerschrocken abweisen. Die Gefahr zu straucheln bleibt uns deshalb nicht erspart - aber uns in satter Bequemlichkeit zurückzulehnen im Zustand der Gnade - dazu ist es gewiss nicht die Stunde. Doch wir brauchen das Tosen der diabolischen Wellen auch nicht resigniert zu fürchten. Unser Gott ist auf Mehrheiten nicht angewiesen, und er bedarf der Zustimmung der Massen nicht. Und selbst wenn in dieser Welt nichts mehr auszurichten ist, ist dennoch die Treue jedes einzelnen zur Dreifaltigkeit ein grösserer Wert als jeder weltliche Erfolg es sein könnte; denn er bleibt ein unaufgebbarer Baustein am Vollendungswerk der Schöpfung durch Jesus Christus, unseren Herrn. Wir vermögen noch so spatzenhaft sein, es ist uns zugesprochen, dass wir in dieser Haltung von Gott wertgehalten werden - in der Gewissheit seiner unwandelbaren Treue.

Dieses Kapitel kann freilich nicht abgeschlossen werden, ohne noch auf eine Problematik einzugehen, die zu vielen Anwürfen gegen die katholische Kirche Anlass gibt: Die Verweigerung, die Eheschliessung Geschiedener zu akzeptieren. Die allzu schnelle Resignation in solchen Fällen soll beispielhaft dargestellt werden:

Die dreissigjährige Frau M. schildert mir ihre Not: Vor fünf Jahren hat sich ihr Mann von ihr getrennt, um mit einer anderen Frau zusammenzuleben. Da sie katholisch getraut worden seien und sie sich dem Glauben eng verbunden fühle, habe sie damit ihre Ehe keineswegs als aufgelöst betrachtet. Ihr Mann habe aber die Scheidung gefordert und sie nach dreijähriger Trennung von ihr auch erreicht. Sie habe in dieser Phase schwerer seelischer Beeinträchtigung viel Hilfe durch die örtliche Gemeinde erfahren, habe darüber hinaus in einer ehrenamtlichen kirchlichen Arbeit einen unverheirateten, gläubigen jungen Mann kennen und lieben gelernt. Sie hätten beide den Wunsch nach Eheschliessung, aber sie habe sich von ihrem Seelsorger sagen lassen, das eine katholische Trauung und nach einer Wiederverheiratung eine Teilnahme an der Eucharistie unmöglich sei. Ihre neue Ehe würde kirchlich ungültig bleiben. Das hätte beiden Liebenden einen grossen Schock versetzt. Ihr Konflikt sei unauflösbar; denn die Gemeinsamkeit ihres Liebens und Glaubens sei gross; sie fühlten sich nicht in der Lage, darauf zu verzichten. So wüchsen besonders in ihr, der Frau, Zweifel an der Richtigkeit dieser kirchlichen Massnahme, die sich bekanntlich auf das Jesus-Wort stützt: "Was Gott zusammengefügt hat, das soll der Mensch nicht scheiden." "Wie", ruft Frau M. aus, "soll das denn in meinem Fall gelten können? Ich bin fest davon überzeugt, dass Gott mich und meinen Freund als Paar gedacht hat, nicht mich und meinen geschiedenen Mann! Der hat mir zwar versichert, dass er auch ein gläubiger praktizierender Katholik sei, und in der Verlobungszeit ging er auch (gelegentlich) mit zum Gottesdienst, zur Beichte und Kommunion, aber als wir verheiratet waren, liess er das bald, ja er verhöhnte mich, wenn ich weiter meinen Glauben praktizierte, und erklärte mir, er habe seine Glaubensbereitschaft nur vorgetäuscht, weil er mich (und mein Geld) hätte haben wollen und sich gesagt hätte, dass ich nur einwilligen würde, wenn er sich katholisch gäbe. Im Grunde sei das alles aber frommer Unsinn, nicht mehr zeitgemäss und zudem nichts als das repressive Instrument einer auf Herrschaft bedachten Institution. Er quälte mich täglich um meines Glaubens willen, und ich habe dann manchmal auch auf die Glaubensausübung verzichtet, um ihn nicht unnötig zu reizen und Anstoss zu geben. Ich habe alles versucht, um unsere Gemeinschaft und meine Liebe zu erhalten; aber ich habe doch bald zu zweifeln begonnen, ob wir beide wirklich von Gott zusammengeführt worden seien, ob ich nicht einfach von einem Phantom, seiner schönen Männergestalt und der Aussicht auf ein behagliches Leben genarrt worden sei. Als mein Mann bald dazu überging, mit einer anderen Frau sexuelle Beziehungen aufzunehmen, bin ich immer unglücklicher geworden. Aber ich habe alles ertragen - gerade mit Hilfe des Glaubens, bis dieser Mann mich schliesslich abstiess wie einen für ihn überflüssig gewordenen Gebrauchsgegenstand. Was Liebe vor Gott eigentlich ist, das erlebe ich doch erst jetzt an meinem neuen Freund. Und zu dieser Verbindung, die ihre Bewährungsprobe bestanden hat, die aus der Gemeinsamkeit des Glaubens lebt, will uns nun ausgerechnet die Kirche den Segen verweigern! Ich verstehe das nicht. Und ich gerate ins Wanken - nicht in Bezug auf meinen Glauben an Jesus Christus, sondern in Bezug auf die Enge und Gesetzlichkeit meiner Kirche."

Da die Problematik primär eine kirchliche Fragestellung enthielt, zogen wir einen katholischen Geistlichen hinzu, der Frau M. davon unterrichtete, dass diese und ähnliche Fragen mit grossem Ernst von der siebten Vollversammlung der Gemeinsamen Synode der Bistümer Deutschlands bereits 1975 diskutiert worden seien und damals in den Voten auch eine Bitte an den Papst gerichtet worden sei, bei der Reform des kirchlichen Gesetzbuches folgende Einschränkungen des Postulats zur lebenslänglichen Einehe vorzunehmen: "Eine Ehe sollte künftig ungültig sein, wenn sie durch arglistige Täuschung über einen für die eheliche Gemeinschaft bedeutsamen Umstand herbeigeführt wurde." Dieser Bitte ist entsprochen worden, so dass in diesem Fall ein Antrag gestellt werden konnte, dem stattgegeben wurde.

Die katholische Kirche, so lässt sich daraus ersehen, stellt sich nicht nur in dieser einen speziellen Fragestellung, sondern generell der Problematik im Bereich der Ehe und Familie, die durch unser verändertes Leben in immer grösserem Ausmass in der letzten Zeit entstanden ist. Das ist gewiss dankenswert - hat freilich auch eine Fülle von Diskussionen ausgelöst; denn die lebenslange Einehe ist heute eben generell einer starken Bewährungsprobe ausgesetzt. Die lebenslange Einehe ist heute ausser durch die eben bereits erörterten Fakten auch dadurch bedroht, dass sich die Lebenserwartung der Frau so gesteigert hat. Noch im vorigen Jahrhundert wurde sie im Durchschnitt 35 Jahre alt - dann starb sie oft direkt im Kindbett. Heute gibt es nicht wenige Menschen, die 30, 50, ja 60 Jahre lang gemeinsam leben können. Diese Länge bedeutet speziell für den Mann eine zusätzliche Bewährungsprobe; denn während er früher durch den Tod der oft noch jungen Ehefrau eine neue Ehe mit einer meist jüngeren Frau eingehen konnte, ist er heute genötigt, mit einer, oft rascher als er selbst alternden Ehefrau vorlieb zu nehmen. Das setzt ihn in vermehrtem Mass Versuchungen aus.

Aber ebensowenig ist die sehr viel unabhängiger gewordene Frau selten noch geneigt, sich über Jahrzehnte etwa in ein Ehejoch einspannen zu lassen, in welchem der Ehemann lieblos und hemmungslos die Macht allein in Händen hält und sie missbraucht. Dieser veränderten Situation kommt der modische Trend zur allgemeinen Libertinage sehr entgegen. Das Ausscheren aus der Erstehe nimmt daher immer mehr zu.

Nun könnte man aufgrund dieser Fakten den Schluss ziehen, dass das Glaubenspostulat der Einehe, dem sich die katholische Kirche hartnäckig unterwirft, vielleicht für unsere Zeit keine Gültigkeit mehr hat, dass sich durch eine differenziertere Interpretation jenes massgeblichen Christuswortes vielleicht doch eine Übereinstimmung mit der veränderten Lebenslage des modernen Menschen erzielen liesse. Gegen eine solche Argumentation lässt sich nun freilich sogar aus der Sicht psychotherapeutischer Erfahrung entgegenstellen: Ein Grossteil der modischen Experimente dieser Art hat mehr negative als positive Ergebnisse erbracht. Unübersehbar sind besonders die negativen Auswirkungen der Scheidungsfreudigkeit auf die Kinder, die aus der Verbindung hervorgegangen sind. Es kann keinen Zweifel darüber geben, dass dadurch bereits eine enorme Schwächung der Familie und eine Einbusse an seelischer Gesundheit bei den Scheidungswaisen entstanden ist. Wie also sollte es die katholische Kirche verantworten, durch das Schleifen schutzgebender Massregeln, diesen negativen Trend zu unterstützen?

Auch hier macht die negative Bilanz eine Besinnung auf die Höchstwerte unseres Lebens in einer massstablosen Zeit lebensnotwendig. Da die allgemeine Orientierungslosigkeit der modernen Menschen ununterbrochen zunimmt, muss es zum Auftrag einer Kirche, die lebendig und wach in der Welt steht, gehören, klare Leitlinien zu erstellen, die den Menschen Ausrichtung ermöglichen. Totale Preisgabe bewährter und sich noch bewährender Normen käme auch auf diesem Problemfeld einem gefährlichen Substanzverlust gleich, den die Kirche als Institution angesichts der eben beschriebenen Gefahren gar nicht verantworten könnte. Deshalb bedeutete es berechtigtes Aufpflanzen einer als Orientierungsmarke dienenden Standarte, wenn die Synode argumentierte: "Es ist um des christlichen Ethos von der Unauflöslichkeit der Ehe willen, das die Kirche vor den Menschen zu bezeugen hat, besser, den vielen die notwendige institutionelle Stärkung und Abstützung für den Bestand ihrer Ehe auch in Krisensituationen zu geben, als einigen, unter Schwächung des Ganzen, in ihrer Not zu helfen."

Der überpersönliche Gesichtspunkt - die Schädigung des Ganzen - ist damit tapfer und deutlich markiert - gegen alles Kopfschütteln von Liberalisten mit Totalitätsanspruch. Die Härte, die dieser Passus enthält, wird heute häufig bereits durch Sonderregelungen abgemildert. Und auch sehr viel offene Toleranz gegen jene Gemeindemitglieder hat sich zur Gepflogenheit unter den praktizierenden Katholiken gebildet, die in Bezug auf dieses Postulat offensichtlich "in Sünde" gefallen sind. Die Notwendigkeit der Toleranz der Gemeinden gegen "Sünder" dieser Art sollte sehr zentral zur seelsorgerischen Arbeit gehören; die Erlösung der reuigen Sünder durch Christus sollte auch im Fall von kirchlich nicht anerkannten Eheleuten zum Postulat in der Befolgung des Evangeliums werden.

Das Postulat der Einehe aber muss unverzichtbare Weisung bleiben, um dem modernen Menschen die grössere Chance zu mehr Heil auch auf unbequemen, aber sittlich wertvollen Wegen nicht zu nehmen.

Die Kirche sollte freilich bei Wahrung ihres am Evangelium orientierten Standpunktes versuchen, Gottes Richteramt nicht vorwegzunehmen, sondern grundsätzlich und ebenso unverzichtbar ihr Wissen zu erhalten, dass der christliche Glaube nicht ein Glaube von gesetzestreuen Gerechten, sondern eine Gemeinschaft von erlösungsbedürftigen, erlösungsbereiten und dadurch auch erlösbaren Sündern ist.

Darüber hinaus wäre es meines Erachtens sicher möglich, wie bei dem Beispiel eben, eine Erstehe für ungültig zu erklären, wenn sich erweist, dass das Sakrament der Ehe von dem dann ausscherenden Partner gar nicht gelebt wurde. Die Kirche bemüht sich, jene Menschen aufzufangen, die einen Irrweg (selbst den einer Ehe) erkannten. Ich kenne eine ganze Reihe von Lebensgemeinschaften, die geschlossen wurden, weil ein verbrecherischen Handlungen verfallener Mann eine bequeme, ihm hörige Komplizin suchte und sie durch Eheschliessung und sakramentales Einsegnen dazu leichter gebrauchen zu können wähnte. Frauen von Spionen, Bankräubern und Mördern, die den Irrtum ihrer Ehe zu spät erkannten, wurde durch Annullierung des Ehebundes Wiederverheiratung und Eucharistie ermöglicht. Die Kirchenleitung handelt hier im Einzelfall offenbar viel barmherziger, als das in der Öffentlichkeit bekannt wird.

Gläubig verwaltetes Eigentum statt erzwungene Enteignung

"Wie erklärt sich denn eigentlich der Zusammenbruch des Ostblocks?", wollte ein Interviewer jüngst im Fernsehen von dem Ostexperten Günter Gaus, dem langjährigen Vertreter der Bundesregierung in der "DDR", wissen. Und Gaus - einst ein überzeugter Sozialist - antwortete sinngemäss, es liege daran, dass sich "die edle Idee des Sozialismus" mit diesem "alten Adam" eben nicht verwirklichen lasse.

Hier dämmert Realitätssinn auf: Nicht Stalin, Honekker oder Gorbatschow, nicht dem Versagen einzelner Potentaten ist das Massenelend im Ostblock zuzuschreiben, sondern den Auswirkungen eines in der Tiefe falschen Menschenbildes, das dem Wesen des Homo sapiens in der Tat nicht entspricht. Die marxistische Ideologie ist der trotzige renegatenhafte Wunschtraum des atheistischen Alleinmachers Mensch. Ein von Menschenhand gemachtes Friedensparadies durch "Umverteilen" des privaten Eigentums zu erstellen, stand im Mittelpunkt dieser alt-neuen Ideologie. Die Emanzipation von der Einsicht, als Geschöpf Gottes in dessen Abhängigkeit zu stehen, das Zerschlagen der auf dieser Erkenntnis gewachsenen Strukturen, vor allem von Ehe, Familie und Kirche, ist deshalb das antichristliche Modell schlechthin. Ein fundamentaler Programmpunkt dieses atheistischen Gegenkonzeptes ist die Enteignung des persönlichen Eigentums. Und besonders diese verwirklichte Intention hat den wirtschaftlichen Zusammenbruch durch die Minderung, ja, schliesslich die resignierte Lähmung der Arbeitskraft von Millionen von Menschen im Osten bewirkt.

Damit ist deutlich geworden, dass der Umgang mit dem Besitz nach der Auffassung der Bibel im Gegensatz zu dem des Marxismus realitätsgerecht und deshalb letztlich wesentlich befriedigender und friedenschaffender ist. Auch auf diesem Feld zeigt sich, dass es der katholischen Kirche besser gelingt, heilsam und gedeihlich zu wirken.

Anhand entwicklungspsychologischer Gegebenheiten und biblischer Aussagen soll das in einem Exkurs gezeigt werden.

Exkurs

Innerhalb seiner Ontogenese erwacht der Besitztrieb des Menschen im zweiten und dritten Lebensjahr. Kinder wollen in diesem Alter ALLES haben. Sie entreissen ihren Geschwistern und Spielgefährten das Spielzeug. Es ist ihnen nicht genug, ein rotes Auto zu haben und zuzusehen, wie ein anderes Kind mit einem grünen spielt. Zwar noch unsicher auf den Beinen, versuchen sie auch das Auto des anderen in ihren Besitz zu bringen. Nur durch die energische Abwehr des bedrängten Kindes, der Geschwister, der Spielgefährten und durch das Eingreifen der Erziehenden kann der kleine Mensch allmählich lernen: ich habe nicht Anspruch auf alles. Es gibt ein "Mein" und ein "Dein". Bereits vom vierten Lebensjahr ab wird deshalb vom Kind das ihm als Eigentum Zugestandene mit Wachsamkeit gehütet und gegen räuberische Übergriffe verteidigt. Der Besitztrieb des Menschen ist ein Partialtrieb des Selbstbehauptungstriebes und ist deshalb von elementarer Intensität. Wie jeder Naturtrieb ist auch der Besitztrieb besonders während seiner Entfaltung störbar - und zwar besonders durch erzieherische Extreme. Werden den Kindern bei ihren räuberischen Attacken keinerlei Grenzen gesetzt, so kann es zu einer Inflation des Triebes kommen. Es kommt zur Entwicklung von Riesenansprüchen und einer Stagnation der Entfaltung auf dieser Stufe.

Der Trieb lässt sich aber auch im Stadium seiner Entfaltung durch Nötigung zu übersteigerter Abgabe oder durch Verweigerung jeglichen Eigentums blockieren. Das führt dann zur Hemmung, aber freilich auch zur Stauung der Besitzlust und beschwört die Gefahr späterer Durchbrüche in Gestalt einer Neigung zur Habgier im Erwachsenenalter herauf. Extreme Kollektiverziehung kann diese Folgen haben; aber auch eine exzessive Abdressur des kindlichen Naturegoismus aus erzieherischem Übereifer. Eine gesteigerte Neigung zu neidischen Übergriffen kann die Folge sein. Weil das so ist, beginnt jede Gesellschaft, die über das Faustrecht des Stärkeren hinauszuwachsen beginnt, eine eingrenzende Ordnung der Besitzverhältnisse zu konstituieren; denn ohne sie beschwört die permanente Gefahr räuberischer Versuchungen eine ständige Bedrohung des Friedens, ja, der Existenz herauf. Das dann konzipierte Recht regelt die Besitzverhältnisse und dient so dem Frieden der Sozietät. In kultivierten Gesellschaften entsteht in seelisch gesunden Individuen im gereiften Status ihrer Entfaltung das Bedürfnis nach Loslösung von der Dominanz des Besitztriebes, nach einer Befreiung von seiner Fessel.

Auch in der Bibel wird dem Geschöpf Mensch Existenzberechtigung, gleich Selbstbehauptung, und damit eine Verwirklichung seines Besitztriebes zuerkannt. Bereits bevor das exemplarisch an der Geschichte des auserwählten Volkes dargestellt wird, wird ihm in drei Geboten des Dekalogs eine strenge Ordnung des Besitzes und die Achtung vor dem Eigentum des Nebenmenschen anempfohlen: mit dem 7., 9. und 10. Gebot. Und es ist in der Bibel ausdrücklich und in schier unendlicher Vielfalt - besonders im Alten Testament - zu lesen, dass sich der Segen der von Gott begnadeten Menschen sogar auch oft in der Vermehrung des Besitzes, in Reichtum an Kindern, Frauen und Viehherden ablesen lässt.

Als ein Kennzeichen der Begnadung des Urvaters der Kinder Israels wird bereits in Gen 13, 2 ausgesagt: "Abraham war reich an Vieh, Silber und Gold. Auch Lot besass Schafe und Ziegen, Rinder und Zelte. Das Land war zu klein, als dass sie beide nebeneinander hätten ansiedeln können, denn ihr Besitz war zu gross."

Und in den Sprüchen heisst es: "Der Lohn für Demut und Gottesfurcht ist Reichtum, Ehre und Leben" (Spr 22, 4).

Es wird nicht umverteilt, hingegen werden selbst Unterschiede im Besitzstand mit Selbstverständlichkeit toleriert und geachtet. Ja, bei Jesus Sirach 33, 21-24 wird sogar ausdrücklich den Alten anempfohlen, ihren Besitzstand bis zu ihrem Tod zu bewahren, und ihn nicht etwa törichterweise vorzeitig an die Nachkommen zu verteilen. Da heisst es: "Solange noch Leben und Atem in dir ist, mach dich von niemandem abhängig. Übergib keinem dein Vermögen, sonst musst du ihn wieder darum bitten. Besser ist es, dass deine Söhne dich bitten müssen, als dass du auf die Hände deiner Söhne schauen musst. Wenn deine Lebenstage gezählt sind, an deinem Todestag, verteile das Erbe!"

Freilich drängt sich besonders hier die Frage auf, ob diese Toleranz des Alten Testaments gegen Erwerbs- und Besitztrieb nicht doch durch mehrere provokante Reden von Jesus Christus entkräftet worden sind.

Dem steht zunächst einmal entgegen, dass Jesus in mehreren Gleichnissen Symbole aus der Ebene materiellen Besitzes verwendet. Beim Umgang mit dem väterlichen Vermögen im Gleichnis vom verlorenen Sohn (Lk 15, 11-32), im Gleichnis vom unbarmherzigen Gläubiger (Mt 18, 23-35), und im Gleichnis vom anvertrauten Geld (Lk 19, 11-27) warnt er mit Beispielen aus dem Wirtschaftsleben vor einem unzureichenden Umgang mit dem geistigen Gut, das ihm von Gott anvertraut worden ist. Das Geld steht hier für die vom Vater erhaltenen Gaben, die letztlich Lebensaufträge sind. Ähnlich wie die Kunst des Wirtschaftens bedürfen danach die von Gott anvertrauten Begabungen einer sorgfältigen Verwaltung und Vermehrung - so ist die Aussage besonders in Lk 19. Jesus ging damit wie selbstverständlich davon aus, dass im auserwählten Volk der Besitz einen hohen Stellenwert hatte, so dass er hoffen konnte, es mit Gleichnissen dieser Art für seine Mission und eine höhere Wertung, nämlich der Gottes- und Nächstenliebe, hellhöriger zu machen.

Nicht der Besitz und unterschiedliche Besitzstände werden von Christus angegriffen, sondern die Überbewertung des Besitzes. Den Besitz, den "Mammon" zu seinem Gott zu ernennen, davor warnt Christus in vielen Aussagen, besonders in Mt 6, 24 und in Lk 12, 13-21. Und wenn man diese seine unmissverständliche Stellungnahme als Messlatte anlegt, wird deutlich, dass auch hier Christus auf alttestamentarischen Aussagen geradezu aufbaut. Denn auch dort gibt es bereits vielfältige Warnungen, nicht der Habgier zu verfallen. Im Buch Kohelet heisst es bereits: "Wer das Geld liebt, bekommt vom Geld nie genug, wer den Luxus liebt, hat nie genug Einnahmen. Dem Reichen raubt sein voller Bauch den Schlaf (Koh 5, 9).

Die Steigerung dieser Aussage durch Christus in Mt 5, 24: "Ihr könnt nicht beiden dienen, Gott und dem Mammon", ist vor allem eine Absage an den Irrweg des kurzsichtigen und ungerecht machenden, antisozialen geizigen Besitz-Denkens, eine Auslieferung an jene Wucherung eines Naturtriebes, der an sich zu Gottes Schöpfung gehört. Er wird nicht als solcher abgelehnt. Wir werden vielmehr davor gewarnt, ihn in unserem Erwachsenenleben nicht in infantiler Stagnation zur alleinigen Zielmarke unseres Lebens zu machen.

Die dringliche Notwendigkeit solcher überzeitlicher Warnungen kann die moderne Entwicklungspsychologie voll bestätigen: Der Mensch ist sehr grundsätzlich in der Gefahr, die Macht seines Antriebs zu unterschätzen. Er kann deshalb einer Wucherung seines Selbstbehauptungstriebes in Gestalt der Habgier verfallen, besonders wenn Schicksalsgunst und Fleiss ihn wohlhabend werden liessen. Er kann dann Geld und Besitz aus ihrem natürlichen Zusammenhang, sich seinen Lebensunterhalt zu sichern, herauslösen und so besitz- und geldsüchtig werden. Das heisst: Der überblähte Antrieb fesselt den Menschen in Sammelwut an die Erwerbssucht, macht ihn unfrei-geizig und engt seinen Lebensspielraum und seine Lebensfreude ein. Eine solche Entgleisung wird um so leichter eine Gefahr für den Menschen, je mehr er in seiner Kindheit durch Versagungen, übersteigerte Entbehrungen oder Verwöhnung eine Anfälligkeit dieser Art erworben hat. Die biblischen Warnungen sind also ausserordentlich berechtigt.

Bei Christus wird der Hauptakzent aber nicht auf das Vermeiden von eigenem Unglück durch die Habgier gesetzt, sondern auf Gottgefälligkeit durch Überwindung materialistischer Prioritäten. Nirgendwo lässt sich herauslesen, dass jedem unterschiedslos die völlige Aufgabe seiner bürgerlichen Behaustheit abgefordert wird. Gross ist bereits die Freude Christi über die Erklärung des Zachäus, die Hälfte seines Besitzes den Armen geben zu wollen (Lk 19, 1-10). Aber ebenso unmissverständlich wird denen hoher himmlischer Lohn verheissen, die in der Nachfolge des Herrn alles - Haus, Familie, Besitz und Geld - um der Nachfolge willen aufgeben. Von entscheidender Aussagekraft ist hier Mt 19, 16-30. Deshalb muss der Text vollständig zitiert werden:

"Es kam ein Mann zu Jesus und fragte: Guter Meister, was muss ich Gutes tun, um das ewige Leben zu gewinnen? Er antwortete: Was nennst du mich 'gut'? Nur einer ist 'der Gute'. Wenn du aber das Leben erlangen willst, halte die Gebote! Darauf fragte er ihn: Welche? Jesus antwortete: Du sollst nicht töten, du sollst nicht die Ehe brechen, du sollst nicht stehlen, du sollst nicht falsch aussagen; ehre Vater und Mutter! Und: Du sollst deinen Nächsten lieben wie dich selbst! Der junge Mann erwiderte ihm: Alle diese Gebote habe ich befolgt. Was fehlt mir jetzt noch? Jesus antwortete ihm: Wenn du vollkommen sein willst, geh, verkauf deinen Besitz und gib das Geld den Armen; so wirst du einen bleibenden Schatz im Himmel haben; dann komm und folge mir nach. Als der junge Mann das hörte, ging er traurig weg; denn er hatte ein grosses Vermögen. Da sagte Jesus zu seinen Jüngern: Amen, das sage ich euch: Ein Reicher wird nur schwer in das Himmelreich kommen. Nochmals sage ich euch: Eher geht ein Kamel durch ein Nadelöhr, als dass ein Reicher in das Reich Gottes gelangt. Als die Jünger das hörten, erschraken sie sehr und sagten: Wer kann dann noch gerettet werden? Jesus sah sie an und sagte zu ihnen: Für Menschen ist das unmöglich, für Gott aber ist alles möglich.

Da antwortete Petrus: Du weisst, wir haben alles verlassen und sind dir nachgefolgt. Was werden wir dafür bekommen? Jesus erwiderte ihnen: Amen, ich sage euch: Wenn die Welt neu geschaffen wird und der Menschensohn sich auf den Thron der Herrlichkeit setzt, werdet ihr, die ihr mir nachgefolgt seid, auf zwölf Thronen sitzen und die zwölf Stämme Israels richten. Und jeder, der um meines Namens willen Häuser oder Brüder, Schwestern, Vater, Mutter, Kinder oder Acker verlassen hat, wird dafür das Hundertfache erhalten und das ewige Leben gewinnen. Viele aber, die jetzt die Ersten sind, werden dann die Letzten sein, und die Letzten werden die Ersten sein."

Aus dieser Antwort Christi geht unmissverständlich und in eindeutiger Unterscheidung hervor, dass die völlige Aufgabe privaten Eigentums ein ausserordentlich hoher elitärer Anspruch ist. Er bleibt der kleinen Schar der Jünger, den heiligmässigen Menschen vorbehalten. Sehr pointiert wird hier ausgeführt, dass der Reichtum (weil er zur Sucht verführen kann) eine beträchtliche Gefahr bedeutet, aber auch, dass der Besitz eines Menschen eine Begnadung Gottes nicht grundsätzlich ausschliesst.

Der Hauptakzent der Offenbarungsaussage liegt also nicht in dem untauglichen Versuch, durch ein kommunistisches System den Besitztrieb (womöglich gar mit Gewalt, mit Mord und Enteignung) auszurotten, sondern in der Wegweisung zu einem hierarchischen Wertsystem. Besitzstand der Menschen wird als natürlich vorausgesetzt. Vor Übertreibung wird als gefährlichfalsche Weichenstellung gewarnt. Auf das hohe Ziel einer generellen Überwindung des "Mammon" als einem zu kurzschlüssigen Lebensziel wird hingewiesen.

Die Hintansetzung des Kreatürlichen um eines übernatürlichen Ziels willen - nämlich der Liebeseinung mit Gott in der Ewigkeit - wird als Gottes Wille durch Christus offenbart.

Diese Weisungen beinhalten aber sehr viel mehr als Empfehlungen zum Umgang mit dem Erwerbstrieb. Sie sind Konkretionen der zentralen Offenbarung Gottes über das Ziel des Schöpfers mit seiner Kreation Mensch: Mit der Natur, durch sie hindurch soll er - befähigt durch Jesu Liebeskraft - von der Fesselung an die Natur, an die Erdhaftigkeit in sich und um sich herum erlöst werden. Die Liebe Gottes verheisst eine endgültige Befreiungsmöglichkeit von der elenden Gefangenschaft des Menschen durch alle Notdurft seiner irdischen Existenz.

Das Wagnis zu der Entscheidung, das gesamte persönliche Leben auf die eine Karte, nämlich auf die Jesus-Nachfolge zu setzen, ist deshalb elementar gottgefällig; denn es verwirklicht das Ziel der Schöpfung, dass das Gottesreich (= die übernatürliche Liebe) auf Erden vor dem Reich der Natur vorrangig wird. Die Sehnsucht nach dieser Befreiung ist dem Menschen mit seiner grundsätzlichen Befähigung zum Lieben gewissermassen als ein Gottesgeschenk eingegeben, so dass sie in besonders geistlich entfalteten, von Christus berufenen Erwachsenen zu einer heiligmässigen Erfüllung gebracht werden kann.

Der Besitz und seine Ordnung, unter Berücksichtigung der Gefahren durch Missbrauch damit, gehören also zu den kreatürlichen Bedürfnissen des Menschen. Durch Jesu Einwirkung erhält er die Möglichkeit zur Überwindung des Egoismus. Hier besteht eine inneren Stimmigkeit zwischen psychologischer Wirklichkeit und biblischer Aussage. Sie ist Wahrheit. Und auf Wahrheit aufzubauen, verheisst Prosperität. Geschöpfliche Wahrheit zu erlauschen, steht dem Geschöpf Mensch mehr an, als hypertrophe, selbstausgedachte Wunschträume in ein gewaltsam erzwungenes kommunistisches System umzusetzen. Wer nicht mehr Gottes Geschöpf sein will und auch ihm zufallendes und erarbeitetes Eigentum nicht mehr als Geschenk des Schöpfers annehmen mag, gerät leicht in die Gefahr, ein geldgieriger Ausbeuter zu werden und über kurz oder lang von den Umverteilern in eine selbsterrichtete Sklaverei genötigt zu werden, in der dann bald diese - gleich ob als Kommunisten oder als Kapitalisten - die Ausbeuterrolle übernehmen. Wirtschaft kann langfristig so nicht gedeihen. Auch wirtschaftliche Prosperität hat ihre Voraussetzung darin, dass der Mensch sich das Gottgewollte erlauscht und sich um seiner geistigen Freiheit und seines Seelenheils willen eines pfleglichen Umgangs mit dem Besitztrieb befleissigt.

Ein Einwand, der den Katholikenkomplex zu nähren pflegt, bedarf - so meine ich - freilich noch zusätzlich der Erörterung: Wenn Christus den Jüngern in der unmittelbaren Nachfolge absolute Besitzlosigkeit abforderte, warum gibt es dann so etwas wie Kirchenbesitz? Warum nehmen die Kirchen Steuern ein und errichten damit prächtige Amtssitze und Pfarrhäuser? Meines Erachtens geht die Berechtigung dazu bereits auf die mosaischen Anweisungen zurück. Zu den Geboten, die Gott Mose auf dem Berg Sinai gab, gehört die Abgabe des Zehnten an den Herrn (Lev 27, 30). Kirchenverwaltung ist Verwaltung dieses Zehnten. Diese Abgabe hat nicht der Festigung weltlicher Macht zu dienen, sondern dem Dienst der Anbetung = Gottesliebe und Caritas = Nächstenliebe. Gewiss ist immer einmal wieder durch irrende

Menschen die Einnahme von Kirchensteuern und Spenden missbräuchlich verwandt worden. Das rechtfertigt es aber nicht, die Berechtigung zur materiellen Basis der Kirche Christi in Frage zu stellen. Sie darf der Gemeinde in Heller und Pfennig die Materialien zum Kirchenbau auf Erde und aus Erde, ja, zu Priesterversorgung und Caritas abfordern, so lange in ihr Anbetung und Erlösung geschieht.

Katholische Mädchenbildung statt ideologisierte Koedukation

Bei den katholischen Mädchenschulen zeigt sich der Widerspruch zur veröffentlichten Meinung bereits im äusseren Bild: Trotz der generellen Propagierung und weitgehenden Umgestaltung unserer Bildungsanstalten zu Koedukationsschulen sind die wenigen katholischen Mädchenschulen in der Bundesrepublik Deutschland weit überbelegt. Und trotz des Slogans der siebziger Jahre, dass die "katholische Arbeitertochter vom Lande" von allen Jugendlichen am meisten benachteiligt sei, ist der seelisch-geistige Status der Mädchen in den meist noch von Ordensschwestern geleiteten Schulen so gut, dass oft auch gerade die besonders bemühten evangelischen Eltern ihre Töchter in erheblicher Zahl vorrangig dort einzuschulen suchen. Ja, im protestantischen Norddeutschland nehmen die Eltern gelegentlich weite Transportwege ihrer Kinder auf sich, um sie in den Genuss der "Nonnenbildung" kommen zu lassen, da die Schüler dort geistig und seelisch so prächtig gedeihen.

Das liegt zum Teil gewiss daran, dass sie dort nicht einer gleichgültigen Pluralität überlassen werden, sondern dass in der Pädagogik dieser Schulen noch ein gezielter Bildungsanspruch vorhanden ist, nämlich der, den Schülern ein christliches Wertesystem nicht nur verbal zu vermitteln, sondern es auch vorzuleben. Das schlägt sich vor allem in dem Bemühen der Schulleitung nieder, den einzelnen Schülerinnen gerecht zu werden; denn es entspricht dem Lebensziel der Direktorinnen, vor allem Gott zu dienen. Ihre leitende Aufgabe wird sehr bewusst als eine Konkretion dieses Dienstes verstanden. In diesem Geist fühlen sie sich für die Schüler verantwortlich und nicht nur von den Eltern, sondern von ihrem transzendenten Auftraggeber in die Pflicht genommen. Dieser Geist der leitenden Ordensfrauen lebt nicht nur Fleiss, Gewissenhaftigkeit, Ordnung und Einsatzbereitschaft vor, er stellt die gesamte Arbeit an der Schule darüber hinaus in die Hingabe des eigenen Lebens an Christus. Das hat eine pädagogische Haltung des Bergens, des Verstehens und doch auch des bevollmächtigten Grenzensetzens zur Folge. Diese Einstellung der Schulleiterin schlägt durch und macht qualifiziertes Niveau möglich. "Wie der Herr, so's Gescherr"; diese Weisheit enthält ein überzeitliches psychologisches Gesetz.

Die Qualität der Schulabgänger der freien katholischen Mädchenschulen zeigt sich durch ihre Bewährung in der Konkurrenz mit Jahrgangsgenossinnen staatlicher Schulen bei der späteren Ausbildung und in der Lebensgestaltung. Ja, selbst in den naturwissenschaftlichen Fächern der Gymnasien erhalten die Schülerinnen der katholischen Schulen offenbar eine vorzügliche Leistungsmotivation. Denn die wenigen Abiturientinnen, die in der Bundesrepublik Deutschland Mathematik und Physik studieren, kommen in einem überdurchschnittlichen Prozentsatz aus den rein katholischen Mädchenschulen!

Das Festhalten an einer gesonderten Beschulung der Mädchen hat sich - entgegen allen Prognosen - bewährt und eine Reihe von Argumenten für die Koedukationsschulen entkräftet. Entgegen der damaligen ideologischen Vorstellung, dass Jungen und Mädchen in ihrer psychischen und geistigen Struktur eigentlich gleich seien, und infolgedessen auch allein eine schulische Gleichbehandlung Gerechtigkeit für die Mädchen bedeuten könne, hat sich nach mehr als 30 Jahren Erfahrung gezeigt, dass sich heute die Mädchen besonders in den höheren Klassen der Gymnasien von den Jungen mehr und mehr als gestört, ja, als behindert erleben. Oft sind nämlich die Jungen - wegen ihres geringeren Fleisses - schulisch nicht so erfolgreich wie die Mädchen. Besonders im mündlichen Unterricht sind die Mädchen wegen ihrer grösseren Sprechfähigkeit den Jungen oft überlegen. Aber auch im Aufsatzschreiben und in den neuen Sprachen haben sie es mehrheitlich leichter und setzen häufig die Jungen ausser Konkurrenz. Hinzu kommt ausserdem, dass die Jungen in ihrem Gesamtstatus ein langsameres Entwicklungstempo haben. Dieses Ungleichgewicht zugunsten der Mädchen nötigt in Koedukationsschulen immer mehr Jungen zu "Ehrenrunden", macht sie als Folge ihrer unzureichenden Konkurrenzfähigkeit mit den Mädchen aber auch gegen sie aggressiver. Das heisst: In zunehmendem Masse sind die Mädchen Anpöbeleien, ja gelegentlich auch Tätlichkeiten ausgesetzt, die sie mit Recht als misslich, quälend, und unter Umständen sogar als ängstigend erleben. Sie fühlen sich gerade in einer Zeit von den Mitschülern herabgesetzt, in der doch ihre Hinneigung zum anderen Geschlecht normalerweise aufkeimt. Die Koedukationsschule ist heute deshalb zunehmend mehr zu einem Ort einer neuen gegenseitigen Abneigung der Geschlechter geworden.

Diese ungute Entwicklung wird zur Zeit von den militanten Feministinnen genutzt. Sie wird als Konkretion einer allgemeinen Benachteiligung der Frauen im "Popanzpatriarchat" gewertet und hochgespielt. Den Mädchen seien die immer rüpelhafter werdenden Knaben nicht mehr zuzumuten, so proklamieren sie und fordern von dieser Sichtweise her eine Reanimierung der monoedukativen Schule. Dass das heute unter der Regie der zum Teil immer noch gleichen Personen geschieht, die vor zwanzig Jahren ebenso militant für die Gleichberechtigung der Mädchen durch Koedukation und Abschaffung der "Mädchenghettoschulen" kämpften, ist dabei paradoxerweise völlig in Vergessenheit geraten. Leider wird aber die ungute Entwicklung der Koedukationsschulen durch feministische Argumentation eher verstärkt statt abgeschwächt. Denn es wird eine provokante Abneigung, ja Furcht bis Feindseligkeit gegen die Männer so in den Vordergrund gerückt, dass der Distanzierungstrend von Ehe und Familie als Zukunftskonzept der jungen Frau angeheizt wird.

Der zu geringe Abstand der Geschlechter in der Koedukation hat ohnehin zur Folge gehabt, dass die Anziehung, die aus der Neugier auf das geheimnisvollfremde Wesen Mann bzw. Frau erwuchs, verloren ging. Miteinander aufgezogene Geschwister heiraten sich nicht, auch dann nicht, wenn sie miteinander nicht blutsverwandt sind. Die Kibbuzforschung hatte dieses Ergebnis längst schon erbracht.

Die Mädchen auf den Koedukationsschulen haben darüber hinaus interessanterweise trotz des allgemein guten Abschneidens in der Konkurrenz mit den Jungen kein besseres Selbstwertgefühl entwickelt als die Schülerinnen der Mädchenschulen. Im Gegenteil: Heute werden unvergleichlich viel mehr Mädchen psychotherapeutischer Behandlung bedürftig, weil sie an einem ausgeprägteren Minderwertigkeitsgefühl leiden als noch vor 35 Jahren, als die Mehrheit der Gymnasien noch monoedukativ war. Die Frau bezieht ihr Selbstwertgefühl sehr viel stärker als das männliche Geschlecht aus der Anerkennung, ja Bewunderung des Mannes für sie - bzw. in Pubertät und Adoleszenz aus der Hoffnung, einen sich ihr so zuwendenden Mann zu finden. Rüde Mitschüler stehen solcher Hoffnung entgegen. Sie bringen sie zum Erliegen, ehe sie noch aufgekeimt ist. Als Ausweg schlägt die Mädchenseele dann häufig einen verkrampften Kurs auf Superleistung oder den Schönheitswettkampf mit den eigenen Geschlechtsgenossinnen ein. Und da Schön-Sein heute gleich Dürr-Sein ist, gehen die Mädchen dann immer häufiger zu törichten Wettkämpfen um die schlankeste Figur über, die nicht selten barbarische Ausmasse annehmen und den Mädchen (gelegentlich bis zum Abdriften in die Magersucht) das Leben vergällen.

Auch die sexuellen Erfahrungen, die vom Gruppenkodex in vielen Koedukationsschulen von der Pubertät an zum obligatorisch geforderten Verhaltensstil geworden sind, sind der Vorbereitung zu Lebensglück und Lebenserfüllung, zu Ehe und Familie nicht dienlich gewesen. Viel mehr Trennungsschmerz, viel zu viele Liebesenttäuschungen haben zu einer Entzauberung geführt, die eher Ehescheu und Singlementalität förderte - von der erheblichen Zunahme chronischer, unfruchtbar machender Frauenkrankheiten ganz abgesehen.

Die Erfahrungsbilanz von 30 Jahren Koedukation für Jugendliche in der Bundesrepublik hat sich also in fundamentalen Bereichen als bedenklich negativ erwiesen. Die katholischen Mädchenschulen, die oft nur unter zähem Kampf und unermüdlichem Beharrungsvermögen haben existieren können, haben die Feuerprobe unter einem sich als absolut gültig aufblähenden Trend glänzend bestanden.

Diese Erfahrung aber bedarf von seiten der Kirche heute dringlich der Konsequenz. Es führt nicht zum Fortschritt, wenn allein die militanten Feministinnen die negativen Erfahrungen koedukativer Erziehungsformen in die Hand nehmen und umsetzen. Gezüchtete Abneigung gegen den Mann und Machtkampf mit ihm widerspricht dem Christentum, ja, letztlich der Schöpfungsordnung, die Männer und Frauen zu einer ergänzenden gemeinsamen Aufgabe an der Schöpfung beauftragt hat.

Das kann deshalb nur destruktive und keine konstruktiven Folgen haben. Der Ruf nach einer Reanimierung der Mädchenschule kann nur dann zum guten Fortschritt werden, wenn die Erfahrungen über die unterschiedliche Wesenheit von Mann und Frau, die in den vergangenen Jahren wissenschaftlich so überzeugend untermauert wurde, in ein diesen Ergebnissen entsprechendes christliches Menschenbild eingebracht werden, und das heisst praktisch: Wenn sich die Kirche mit einem neuen Selbstbewusstsein, das aus der Realität und Bewährung ihres Menschenbildes fliesst, mit Elan an den Ausbau von katholischen Konfessionsschulen, ganz besonders aber von viel mehr katholischen Mädchenschulen macht.

Freilich: Eine schulische Neugestaltung dieser Art bedürfte einer sorgfältigen Auswahl des Lehrkörpers. Die Crux vieler katholischer Schulen liegt heute darin, dass sie, bedingt durch die Ideologisierung der Universitäten, nicht mehr durchgängig mit Lehrern besetzt sind, die eine unangefochtene katholische Grundhaltung mitbringen. Nötig ist auch hier ein neuer klarsichtiger selbstbewusster Ansatz in der Lehrerausbildung, am besten, so scheint mir, mit Hilfe der Kreation spezieller katholischer Bildungsanstalten, die auf den Unterricht an katholischen Schulen vorbereiten.

In einer solchen Lehrerbildung sollte alles das genutzt werden, was sich an neuer Erkenntnis durch Erfahrung und Wissenschaft in den letzten 30 Jahren hat gewinnen lassen. Der spezifischen Besonderheit der Frauenseele, ihren besonderen Begabungen in der Soziabilität, im Musischen, Tänzerischen, im Kunsthandwerk und vor allem für Religiöses sollte viel mehr Raum gegeben werden, um echte Selbstverwirklichung zu ermöglichen. Ein Brachfeld wartet hier auf eine Beackerung, auf dem die schönsten Früchte möglich werden könnten.

Aber es ist das Gebot der Stunde, dass die katholische Kirchenleitung die positive Bilanz ihrer Schulen nutzt und fröhlich auf der Erkenntnis aufbaut, dass sich das Umsetzen des christlichen Menschenbildes in ihren Mädchenschulen mitten im Ansturm von atheistischen, liberalistischen und marxistischen Böen als ein Fels in der Brandung bewährt hat.

Allmachtglaube statt Verleugnung der Wunder

Ein weiterer Schwerpunkt der Anfeindungen gegen die Kirche und den Glauben besteht darin, seinen transzendenten Kern in Frage zu stellen. Nicht nur Ute Ranke-Heinemann, nicht nur Luise Rinser und im Chor mit ihnen die evangelischen Wortführerinnen Christa Mulack, Hildegunde Wöller und Dorothee Sölle, sondern bereits jede Menge Kirchenvolk fühlt sich der Logik eines biologisch aufgeklärten Zehnjährigen verpflichtet, nicht mehr an die Jungfrauengeburt Christi glauben zu können. Aber wer sich nicht vorzustellen vermag, dass - wie es die Bibel und die Geschichte der Menschheit belegt - bei Gott nichts unmöglich ist, der muss konsequenterweise auch mehr oder weniger den ganzen Lebensweg des inkarnierten Gottes umdeuten; denn schliesslich reiht sich hier Wunder an Wunder, vom Weihnachtsmysterium, dem Weinwunder, den Krankenheilungen, von den drei vom Tode Auferweckten bis zur Auferstehung, Himmelfahrt und zur Pfingstbegnadung. Es ist eben gerade dies: Unser Evangelium ist eine Aneinanderreihung von Ereignissen, in denen die Naturgesetze massiv in ihren zentralsten Bereichen des Lebens: bei der Zeugung, der Geburt, angesichts chronischer und lebensbedrohlicher Krankheiten und beim Tod, durchbrochen werden.

Und diese Durchgängigkeit in der Aussage der Offenbarung soll keine Relevanz haben? Das soll sich zum Symbol umdeuten lassen? Wenn das Evangelium weiter den Stellenwert der Offenbarung Gottes haben und behalten soll, muss doch wohl diese Massivität der Aussage als das verstanden werden, was sie ist: Als die Botschaft Gottes, der seinen zwischen Dornen und Disteln seufzenden, an die Natur zwischen Geburt und

Tod ausgelieferten Menschengeschöpfen die Möglichkeit zur Befreiung aus dieser Fesselung durch die übermächtige übernatürliche Liebe dieses Vater-Gottes aufzeigt und durch seine Identifikation mit dem Menschen und durch den Opfertod seines Sohnes diese Erlösung aus dem Gefängnis der Kreatürlichkeit und der Sünde einleitet und festschreibt.

Was ist es für eine Anmassung, gegen die biblischen Aussagen anzirpen zu wollen - gegen die Ungeheuerlichkeit dieser Befreiung in ihrem so fundamental erlösenden Wahrheitsgehalt! Wie allein berechtigt diese durch und durch stimmige Kunde zu jauchzendem Jubel, zu kniefälliger Freude und anbetender Dankbarkeit! Wer von dieser *echten* Theologie der Befreiung erst einmal erfasst ist, wie kann der sich noch abholen lassen von all der kleinkrämerhaften Primitivkritik an der Wundergeschichte des inkarnierten Gottes?

Wer die Aussage in ihrer ganzen Tiefe versteht, weiss auch: Ja, Christus allein ist *Der Weg, Die Wahrheit* und *Das Leben*! Ohne Verständnis dieses Zusammenhanges kann es aber nur schwer grosse dankbare Liebe des Menschen zu Gott als eine lebendige, den Menschen umschmelzende Glaubensfreude geben. Und ohne Glauben dieser Art kann es nicht den Impuls zu gottgefälliger Veränderung, kann es weder Mission noch Glaubenserziehung, weder Religionsunterricht noch Fortschritt zur Liebeskultur geben, die schliesslich mit dem im Vaterunser erbeteten Kommen des Reiches Gottes identisch ist. Hier steht unsere katholische Kirche also in einer Existenzkrise: Entweder sie lernt die Aussage der Offenbarung in ihrer absoluten Wahrheit und Sinnhaftigkeit wieder verstehen und bewahrt so das Proprium des christlichen Glaubens, oder sie zerredet die Grundaussagen zur Nur-Immanenz des Jesus von Nazaret oder zur Nur-Symbolik des Jesus als "Selbstsymbol" nach

C. G. Jung und seinem Nachfahren Drewermann. Aber dann büsst sie auch alle Begnadungsmöglichkeit, alle Einwirkmöglichkeit des Heiligen Geistes, alles Erfahren von Wundern ihres auch heute noch wunderwirkmächtigen Gottes ein und versinkt im "Jahrmarkt der Möglichkeiten" einer aktionistischen Pluralität. Diesen Weg ist die evangelische Amtskirche bereits gegangen, und die hat - abgesehen von den sich mühsam Herausrettenden, den sich in viele Gruppen und Grüppchen zersplitternden Abspaltungen - ihre Gotteshäuser leergepredigt und andere Götter auf die Altäre gehoben: den Paradiesmacher Mensch durch Politisierung, vornehmlich aber auch (weil dann ohnehin alles gleichwertig glaubbar wird) Mohammed, Buddha, die Königin der Nacht, das heisst, die Magna Mater (und das sind nur Neuaufgüsse der Naturgöttinnen Astarte bzw. Aschera, deren Anbetung Gott Jahwe bereits im Alten Testament ein ganz besonderes Greuel war) und vor allem auch den Götzen Sex.

In diesen modischen Entwürfen wird die Erde neu zur primären, zur scheinbar wahren Ursprungsgottheit, und in diesem Zuge werden die ägyptischen und babylonischen Naturgöttinnen neu belebt. Die reine Magd Maria darf hier kein Vorbild mehr sein - es sei denn, man überdeutet das Magnificat Marias als rebellische Kampfansage gegen die von den Thronen zu stürzenden Ausbeuter - wie Luise Rinser es vor kurzem in kirchlichem Rahmen versuchte. Maria als eine sich heldisch Auflehnende in marxistischem Gusto - was für eine Häresie! Aber eben gerade das Ungereinigte, das Dämonische des Urhaft-Kreatürlichen in sich selbst soll nicht nur angenommen, sondern bis zum Bekenntnis zur Hexenhaftigkeit gepflegt und kultisch vertieft werden (s. dazu Jens Motschmann, So nicht, Herr Pfarrer[17]).

Die sich katholisch nennende Theologin Silvia Schroer geht sogar noch weiter: Sie hält "das männliche Gottesbild unserer kirchlichen Tradition und Liturgie einseitig für ein Götzenbild". Sie ruft "nach weiblicheren Gottesbildern" und findet sie zum Beispiel in der personifizierten Weisheit des Alten Testaments (Weish 6, 14-16; 8, 9), wo die Weisheit als eine "Geliebte Gottes" vorgestellt wird. Statt den allegorischen Charakter dieser Aussagen anzuerkennen, unterstellt sie im Verein mit mehreren feministischen Theologinnen hier eine Existenz der ägyptischen Göttinnen Hator, Isis und Maat im Offenbarungsbuch. Diese letztere verkörpere "die geliebte Tochter des Sonnengottes"[18]. Helen Schüngel-Strauman schreibt:

"Sophia (Weisheit) ist hier (Spr 8, 1 bis 9, 18) eine junge Frau, die sich zur Freude von Himmel und Erde in Spiel und Tanz bewegt" ... "Ihre Rolle ist geschildert als einzigartige Verbindung von Himmel und Erde, zwischen Gott und den Menschen. Sie ist Mittlerin der Schöpfung."[19] Weiter heisst es: "Heute müssen neue Wege gefunden werden, um die einseitige Männlichkeit der theologischen Symbolik abzubauen und dem Weiblichen den ihm gebührenden Ort im theologischen Symbolsystem zurückzugeben."[20]

Kritisch muss zu dieser Form der Exegese angemerkt werden: Diese androgyne Naturreligion ist mit den Aussagen des Evangeliums unvereinbar. Sie steht absolut konträr zu den Offenbarungen der Bibel, sowohl denen des Alten wie des Neuen Testamentes. Den Mittelpunkt der Bibel bildet die Offenbarung des Schöpfers, der sich in Jesus Christus in geschichtlicher Zeit inkarniert, der sein Wesen in menschennaher Form sichtbar, der den Menschen den Sinn ihres Daseins verstehbar macht, und der den so zum Glauben Geöffneten ihre Sünden vergibt und sie mit ewigem Leben beschenkt. Nach christlichem Glauben ist Gott all-umfassende Geist-Liebe, die die Natur als von ihm geschaffene Schöpfung zwar einschliesst, sie aber über-steigt.

Gott ist deshalb mit der Natur nicht identisch. Ja, er schliesst mit dem nach seinem Bild geschaffenen Ge-schöpf Mensch einen Bund, um der Geist-Liebe auf Erden zur Verwirklichung zu verhelfen. Deshalb wird bereits im Alten Testament der Rückfall in die Anbetung von Naturgöttinnen (Astarte bzw. Aschera) mit schwe-ren Strafgerichten des ewigen einzigen Gottes geahndet. Sie werden von den Propheten als "Ehebruch" des Bundes zwischen Gott und Mensch bezeichnet. In der Gestalt Jesu Christi findet diese Aussage in einem allmächtigen Überschreiten der Naturgesetze durch die Handlungen Gottes bei Jesu Geburt und Tod wie auch in seinen Wundern ihren direkten, nun nicht mehr missver-stehbaren Beleg.

Gerade eine Überwindung der Naturreligionen also ist laut Bibel ein zentrales Anliegen des sich uns offen-barenden Gottes. Deshalb auch wird im ersten Gebot des Dekalogs so ausdrücklich betont, dass wir keine ande-ren Götter haben sollen.

Die Natur nicht anzubeten, sondern sie durch Gottes Geist-Liebe in ihre Schranken zu weisen, ist der geof-fenbarte Sinn des die Naturgesetze von Anfang bis Ende seines Lebens durchbrechenden, sich inkarnierten Got-tes hier auf unserem Stern Erde. Es ist deshalb ein besonders schwerer Bruch des Bundes, das Christentum heute erneut an die Magna Mater verschachern zu wollen. Gott hat die Natur durch seine Erlösungstat ein für alle Mal in ihre Schranken gewiesen. Er hat ihre Macht über den Tod gebrochen - und damit auch die

Macht der die Natur personifizierenden Göttinnen. Isis und Hartor waren zum Beispiel sowohl Mutter- als auch Todes-Göttinnen!

Es kann deshalb heute keine gefährlichere Häresie geben als die reaktionäre Wiederbelebung der Anbetung von Naturgottheiten. Sie ist ein erschreckender neuer, besonders bösartiger Verführungsakt der alten Schlange gegen eine moderne Eva, die sich vom marianischen "fiat", ja, die sich auch von ihrem geschöpflichen Auftrag als Mutter alles Lebendigen faktisch immer mehr entfernt.

Rom hat sich mit grosser Standfestigkeit bisher von den Häresien dieses Jahrhunderts reingehalten. Jetzt gilt es wach zu sein, dass sie nicht als New-Age-Bewegung wie die Wölfe durch die Hintertür in die Ställe der gutwilligen Schäflein einschleichen!

Feministische Theologie in der Kirche zu tolerieren und gar mit Lehraufträgen und Bischofsämtern abzusegnen, kommt einer schweren unverantwortlichen Sünde gleich.

Lebendige Marienverehrung statt Rückkehr zur Naturreligion

Wie erschreckend: Unser Zeitgeist wagt, die Mutter Gottes zu verhöhnen! In den Talkshows des Fernsehens beklatscht man die, die sie entwürdigen, holt die in die Studios und vor die Kamera, die sie entstellen und abzuwerten versuchen, bezeichnet die Marienverehrung als einen veralteten Kitsch, den der flotte moderne Mensch nicht mehr nötig habe! Aber auf der anderen Seite entsteht ein neues wunderbares Aufstrahlen der Heiligen Gottesmutter in unserer Zeit! Die Russen dürfen ihre heiligen Ikonen wieder offen aufstellen und davor beten, ohne fürchten zu müssen, dafür in die Gulags zu geraten. Die Polen leiteten ihren Freiheitskampf gegen die Diktatur des kommunistischen Atheismus mit Fürbittegebeten zu der Gottesmutter ein. In Deutschland, in Österreich, auf dem Balkan, in der Schweiz erwacht eine tief fromme Bewegung der Hinneigung zu Maria und ihren heiligen Stätten, von Tschenstochau bis Medjugorje, von Altötting bis Einsiedeln mit Pilgerströmen von Tausenden tief angerührter Menschen, ganz abgesehen von der Wiederbelebung der klassischen Wunderorte Fatima, Guadalupe und Lourdes mit der Vielzahl ihrer Wunder.

Das dringt zwar nicht durch bis zum Fernsehen, denn dem Zeitgeist ist die Marienfrömmigkeit ein Ärgernis wie dem Teufel das Weihwasser -, aber der millionenfache Ruf: "Maria, hilf uns allen aus unserer tiefen Not" dringt aus ungezählten Kehlen, aus der knienden Demut so vieler Menschen hinauf, dass sich allein daran das Triumphgeschrei des "Spiegels" über den Glaubensverlust der Menschen heute eher als Wunschtraum der Medienmacher denn als Wahrheit entlarvt.

Dennoch scheint es mir notwendig und sinnvoll, dem modischen Unverständnis entgegenzutreten und zu erläutern, welche Bedeutung die Gestalt Marias für uns in der Moderne hat. Warum finden so viele Menschen einen Zugang zu ihr? Warum die vielen Bittgebete? Das ist gewiss darin begründet, dass der Pegel der Not zur Zeit immer höher steigt.

Nur ganz kurz gestreift die Not der Menschen hüben und drüben: Im Ostblock der blanke Bankrott, das blanke Hungerelend als Folge des sündhaften Versuchs, glückliche Zustände unter den Menschen, das Arbeiterparadies ohne Gott bauen zu können; im Westen zwar Wohlstand, aber unter der Fassade eines schrankenlosen Liberalismus und Egoismus millionenfaches Elend durch jede Menge Süchte, sechs Millionen Straftaten allein in der Bundesrepublik Deutschland Jahr für Jahr, Zerrüttung jeder zweiten Ehe und einer erheblichen Zunahme seelischer Erkrankungen. Viel tiefe Not also als Folge der Abkehr von Gott, als Folge von Masslosigkeit und Überheblichkeit der Menschen.

Aber wieso ist hier in all der Ausweglosigkeit noch so viel gutes Gespür, dass auf dem Boden dieser Not eine so machtvolle neue Hinwendung zu Maria erfolgt - jüngst zögernd sogar schon wieder im protestantischen Lager?

Nun, die Antwort ist einfach: Weil Maria wirklich helfen kann! Weil sie seit Golgota unsere wirkmächtige Schutzmantelmadonna ist, weil sie selbst in den satten Zeiten die Mittlerin unseres Rufens um Erbarmen sein kann, in denen die Unverbesserlichkeit, die bodenlose Sündhaftigkeit eines Zeitgeistes den Zorn Gottvaters, ja, selbst des Allerbarmers Jesus Christus heraufbeschwört.

Und in einer solchen Zeit stehen wir ganz gewiss - mit all unserem Geschrei nach "Autonomie" und "Selbstverwirklichung". Wer denn sonst sollte für uns noch Gnade, noch Geduld beim Dreieinigen Gott erwirken als die mütterlichste aller Mütter, als die Leidvollste aller Leidenden? Sie ist nicht nur die allein Befugte für unsere flehenden Bitten um Abwendung des uns gewiss zustehenden Strafgerichts, sie kann uns durch ihr Vorbild auch helfen, zu derjenigen Umkehr zu finden, die zwei Minuten vor Zwölf für uns heute und hier ganz gewiss brandnötig ist.

Ich möchte das in bewusster Wiederholung hier noch etwas ausführlicher darlegen. Denn: Zu wahrem Glauben kann Maria uns vor allem durch ihr Vorbild verhelfen.

Sie zeigt es uns zuerst und in ewiger Eindringlichkeit durch ihre Antwort an den Engel bei der Verkündigung - als ihr mitgeteilt wird, dass sie ausersehen ist, den inkarnierten Gott zu gebären. "Mir geschehe, wie Du gesagt hast", antwortet sie. Sie erfasst - über das Wunder hinaus -, dass ihr Leben ein Auftrag von Gott ist. Und sie sagt dazu in tiefem Vertrauen darauf, dass alles, was der liebende Vater-Gott schickt, ihr nur zum Besten geraten kann, nachdem sie das verstanden hat, ohne Umschweife ja. Ja zum Lebensauftrag heisst Glaube, heisst Gottvertrauen, heisst, in Zukunft zu allererst immer nach Gottes Willen zu trachten in dem Wissen, dass dann von einem dankbaren Gott aller Segen hinzugegeben wird. Wenn wir heute im Geist Marias und ihres Ja umkehren - wie bald würde sich dann so vieles zum Guten wenden können! Denn dann würde unser Gehorsam für Gott, dann würde unser Bemühen um Gottgefälligkeit wieder Vorrang in unserem Leben bekommen, und viel von all dem "Egotrip" würde in sich zusammenfallen.

Denken wir in diesem Sinn, im marianischen Sinn,

wahr und fromm, so würden wir uns voll Abscheu und Eifer mehrheitlich wegwenden von der Versuchung zur Abtreibung; denn schliesslich ist jedes ungeborene Kind wie Christus (wenn auch ihm gewiss nicht gleich) ebenfalls ein Kind Gottes! Es ist nicht unser Besitz! Das ungeborene Kind ist ein Heiligtum, Ehrfurcht abnötigend, uns anheimgegeben - uns allen, nicht etwa den Müttern allein! Statt dessen töten wir, ätzen wir, zerstückeln wir, schaben wir, ohne jede Betäubung diese schmerzempfindlichen Geschöpfe des Herrn millionenfach aus dem Mutterleib aus und bilden uns dann auch noch ein, es sei eine gute Tat für die Frauen, obgleich wir doch wissen, wie anhaltend ihre Seele nach einer Abtreibung weint und das Gefühl von Schuld sie oft lebenslänglich quält. Wieviel Bitten um Erbarmen haben wir nötig!

Die Orientierung an der Haltung Marias macht es hingegen möglich, das Kind als eine Leihgabe Gottes zu verstehen und sich von IHM durch das Geschenk des Kindes sehr persönlich in Dienst genommen zu wissen.

Halten wir uns an Maria, an ihr Vorbild, an die Art, wie sie liebevoll, in ständiger Nähe und sorgfältiger Pflege ihr Jesuskind betreute, dann wissen wir auch wieder, wie wir als moderne Mütter mit unseren Säuglingen und Kleinkindern umgehen müssen. Unsere Kinder brauchen unser vorbehaltloses Lieben, wenn sie seelisch gesunde Menschen werden sollen. Denn gleich dem Jesuskind ist es auch für moderne Kinder heute noch lebensnotwendig, von den immer gegenwärtigen, beschützenden Armen ihrer Mütter gehalten zu werden. Sozialistische Modelle, die die Kinder kollektiv einbinden und die Frauen in die Berufstätigkeit jagen, haben an ihren Früchten längst aufgezeigt, dass die kollektiv erzogenen Kinder später in grossem Umfang liebesunfähig, und das heisst, seelisch krank werden.

Die Geschichte der Bibel und die Beziehung des erwachsenen Jesus zu seiner Mutter zeigen freilich auch mit grosser Dringlichkeit auf, wie nötig die Mutter es hat, mit der Reifung ihrer Kinder eine Veränderung des mütterlichen Verhaltens zu erwirken. Selbst für Maria war es offenbar schwer zu verstehen, dass der ihr noch so schützenswert erscheinende Sohn unter ihren Flügeln heraus seinem grossen Lebensauftrag zuzuwachsen hatte (Lk 2, 48-50). Auch moderne Mütter tun sich aus liebender Sorge schwer mit den Ablösungsversuchen ihrer jugendlichen Kinder. Das ist wie bei Maria eine tragische Grundgegebenheit liebevoller Mütter, zumal ihre Sorge allzu oft nur zu berechtigt ist, weil die Kinder ohne zureichende Erfahrung sich Gefahren aussetzen können, die sie noch nicht erkennen. Das Vorbild Marias kann es den Müttern ermöglichen, sich selbst in ihrer Sorge besser zu verstehen und auf Gott zu vertrauen.

Auf der Hochzeit zu Kana kommt Jesu Ablösungsprozess von seiner Mutter zu einem fast dramatischen Höhepunkt. Indem Jesus Maria zurückweist, findet die obligatorische Loslösung des Sohnes von seiner Mutter statt, und eine bewegende Umkehr Marias von einer Vorangehenden zu einer Zurücktretenden, indem sie Jesus ihren bisherigen Vorrang abtritt und sich von nun an dem Willen des Sohnes fügend hinter ihn zurückstellt. Sie sagt zu den auf der Hochzeit Dienenden: "Was er euch sagt, das tut." (Joh 2, 5).

Analog dazu haben alle Mütter in ihrem Leben diesen für sie schmerzlichen Vorgang zu leisten, wenn sie am Lebensauftrag ihrer erwachsen gewordenen Kinder bejahend teilnehmen wollen: Sie müssen das Opfer bringen, ihre Herrschaft über das nun selbständige Kind aufzugeben. Im Hinaufschauen zu dem grossen Vorbild kann das besser gelingen, weil dann sogar die abrupte Abweisung als eine zwar schmerzhafte, aber doch sinnreiche notwendige zweite Geburt erlebt werden kann.

Noch ein drittes Mal wird übrigens dieser neue Abstand zwischen dem erwachsenen Sohn und seiner leiblichen Mutter in der Bibel betont: Nur als eine Eingereihte in die Mitgefährten auf dem Weg zu Gott kann und darf Maria laut Anweisung ihres Sohnes nun noch fungieren, nicht mehr in einer den Sohn an das Irdische fesselnde Sonderstellung: "Wer ist meine Mutter, und wer sind meine Brüder? Und er streckte die Hand über seine Jünger und sprach: Das hier sind meine Mutter und meine Brüder! Denn wer den Willen meines himmlischen Vaters tut, der ist für mich Bruder und Schwester und Mutter" (Mt 12, 48-50). In dieser Aussage kommt - gewiss alles Private überschreitend - die Vorrangigkeit des Gottesauftrages vor der Familienbindung zum Ausdruck. Deshalb kann das biblische Vorbild für ältere Mütter erwachsener Kinder hier besonders grosse Hilfe sein, damit sie sich nicht von ihren Kindern, die nun kaum noch Zeit für sie haben, schmollend zurückziehen, weil sie sich nicht genug beachtet fühlen. Stellen sie sich aber ihren nun voll im Lebensauftrag stehenden Kindern in unabhängiger, aber dennoch gemeinsamer Pilgerschaft zu Gott zur Seite, so kann es ihnen leichter möglich werden, eine konstruktive Einstellung zu gewinnen, wie sie Maria durch Jesus zugewiesen wurde.

Diese Anweisung Christi an seine Angehörigen kann für die Mütter erwachsener Kinder von allergrösster sinnerfüllender Bedeutung sein. Ganz besonders heute, im Zeitalter der so verlängerten Lebenserwartung, ist es wichtig, dass die aus ihrer Bemutterungsaufgabe entlassene Frau sich neue Aufgaben sucht, um "den Willen ihres Vaters im Himmel" neu und in einer vielleicht noch sehr viel persönlicheren Form zu tun.

Wie viele Depressionen, wie viele schmollende Vorwurfshaltungen, wie viele künstliche und sie unnötig schwer belastende Schuldgefühle der erwachsenen Kinder könnten vermieden werden, wenn die älteren Mütter sich neue Aufgabenfelder suchten, die ihren Möglichkeiten und Begabungen entsprächen! Das Züchten von Erwartungshaltungen, die rückzahlende Dankbarkeit fordern, hat nichts mit Christentum zu tun! Sie fliessen vielmehr noch aus dem uns nahen Urbereich der mit Hilfe von Verwöhnung besitzergreifenden, ja schliesslich sogar verschlingungsmächtigen "Grossen Mutter".

Maria aber wird während des Heilsgeschehens in zunehmendem Masse uns Sterblichen zum Vorbild, da sie aus Glaubenstiefe die Versuchung zu Ein- und Übergriffen in das Leben ihres Sohnes immer wieder zurücknimmt bis hin zum Erdulden des furchtbarsten aller Mütterschicksale: bei der qualvollen Hinrichtung des so geliebten, unschuldig verurteilten Sohnes anwesend zu sein - anwesend mit einem hier noch viel übermenschlicheren, vor Leid stummem "Fiat", und das heisst mit einer absoluten Unterwerfung unter Gottes Willen in einem dem Pietà-Schicksal standhaltenden "Mir geschehe, wie Du, Gott, willst." Dieses Übermass allen menschlich denkbaren Masses an Gottgehorsam erst löscht bei dem sterbenden Christus die notwendige Distanzierung von seiner Mutter, so dass sie in der erschütternden Zuweisungsszene unter dem Kreuz zur Mutter des Johannes und damit gewissermassen stellvertretend für die Jünger zur Mutter der Kirche zu werden vermag.

Jesu Beziehung zu seiner Mutter hat also eine völlig übermenschliche Dimension. Sie ist von archetypischer Exemplarität und bedeutet Offenbarungswahrheit Gottes für uns Menschen. Sie zeigt auf, dass wir Frauen in Maria in der Tat ein himmlisches Vorbild haben, dem wir nie gleichen, dem wir allenfalls nacheifern können. Denn wir sind nun einmal nicht auch nur annähernd von ihrer Heiligkeit und ihrer Glaubenstiefe; wir sind ganz gewiss als Frauen der Moderne immer noch der Eva wesentlich näher als der Maria; und wir sind deshalb auch in der besonders nahen Gefahr, uns mit der Natur, der Magna mater in uns selbst, zu identifizieren und mit Greifklauen Macht über unsere Nächsten auszuüben. Erst wenn wir auf Maria, auf ihre Haltung und ihre Entwicklung hinlauschen, haben wir Aussicht, uns dem Zentrum unseres Lebensauftrags, durch Glauben die Liebe in der Welt zu mehren, anzunähern.

Das Vorbild der "oberen Mutter", der Mutter Jesu, die sich einreiht ins Apostolat, wie es besonders auch das Pfingstereignis (Apg 1, 14) dokumentiert, gibt der Frau heute eine Orientierung, um die sie immer neu ringen sollte.

Die Frau in der Kirche kann sich seitdem nur dann als gottgefällig erleben, wenn sie sich um diese Art der Lebensgestaltung bemüht. Marianischer Geist heisst gleichzeitig sehr bewusster, sehr mühsam nur zu erringender Verzicht auf alle Machtbedürfnisse der Besitzergreifung über die Seelen.

Ein Verstehen dieses Zusammenhangs erst macht es möglich zu erkennen, dass für uns Frauen das Priesteramt von Gott nicht zur Verfügung gestellt werden konnte. Unseren Platz in der Kirche können wir Frauen nur finden, wenn wir Maria als unser Vorbild im Reifungsprozess unseres Lebens sehr hoch halten. Bewegungen in und ausserhalb der Kirche, die Maria diese unaufgebbare Bedeutung nicht mehr einräumen, verlieren deshalb mehr oder weniger bald das Verstehen oder Gespür für solche Zusammenhänge aus den Augen. Die Folge ist heute oft schon in erschreckender Deutlichkeit sichtbar: Das Machtbedürfnis überschwemmt die Seelen der Frauen. Sie agieren wie Herodias mit dem Geist der Rache gegen den Mann und töten unter Zuhilfenahme der weltlichen Macht den Geist vorbereitenden Glaubensgehorsams (s. die Tötung von Johannes dem Täufer, Mt 14, 3-12).

Es ist höchste Zeit, dass diese Gefahr von den kirchlichen Mitarbeitern erkannt und der Verflachung der Marienverehrung entgegengewirkt wird. Maria muss als die zu Gott erhobene Mutter unser grosses Vorbild bleiben, jene Maria, die eine schicksalsgeduldige, übermächtig leidende Mutter gewesen ist, und die deshalb auch alle Leiden von uns modernen Menschen versteht, mitträgt und dort hinträgt, wo allein sie gehört und zum Heil gewendet werden können: zu ihrem Sohn Jesus Christus. Mehr als zu irgendeiner anderen Zeit haben wir diese Mittlerrolle der Mutter Maria brandnötig! Denn sie hat seit Golgota die überzeitliche Aufgabe, unser aller Mutter zu sein und das durch Leid geschärfte und gebeutelte Leben wieder an Jesus Christus zu orientieren, so dass wir durch den Glauben an ihn zu genesen vermögen. Lassen wir Maria ein in unser Leben! Sie kann für uns bitten, so dass wir gesunden. Uns an Maria zu halten, das heisst, die Zukunft bereits hier auf der Erde zu gewinnen.

Selbstverwirklichung statt Nächstenliebe?

"Diese ganze Unterdrückerei durch die Kirche und die Parolen von Opfer und Nächstenliebe durch das Christentum sind heute nun passé", warf in schrillem Tonfall jüngst eine Diskussionsteilnehmerin in die Runde: "Heute gibt es glücklicherweise die Möglichkeit zur Selbstverwirklichung, und das ist ein echter Fortschritt." Stürmischer Beifall, vor allem durch die anwesenden Frauen, brandete auf.

Das Votum macht nachdenklich. Sind das Liebesgebot des Christentums und das Bemühen um Selbstverwirklichung unvereinbare Gegensätze? Bedarf es hier einer Entscheidung für den einen oder den anderen Weg?

Ich will im folgenden dieser Frage nachgehen. Dazu ist aber zunächst einmal nötig, dass wir uns - uns von der Diskutantin abhebend - des Begriffs "Selbstverwirklichung" nicht nach modischer Manier klischeehaft und unklar definiert bedienen. Das Wort "Selbstverwirklichung" muss erst überhaupt einmal verstanden werden. In einem Exkurs soll das geschehen.

Exkurs

Der heute so in Mode gekommene Begriff "Selbstverwirklichung" ist ursprünglich ein sehr differenziert gebrauchter Terminus in der Lehre des Tiefenpsychologen Carl Gustav Jung. Dort ist die Selbstverwirklichung ein zentraler Vorgang. Mit ihm umschreibt Jung den Weg einer seelischen Ausdifferenzierung in der Persönlichkeitsentwicklung. Selbstverwirklichung in diesem ursprünglichen Sinn umfasst nach Jung drei gewissermassen obligatorische Stufen, um zu einer psychischen Harmonisierung, einer Ausgereiftheit der Seele zu gelangen. Am Anfang dieses Selbstverwirklichungsprozesses steht die "Integration" des von Jung so genannten "Schattens". Hier handelt es sich darum, selbstkritisch das eigene geschönte Selbstbild unter die Lupe zu nehmen und sich mit tapferem Mut zur Selbsterkenntnis die eigenen Schwächen einzugestehen, die meist zwar allen anderen bekannt sind, die nur der Träger selbst nicht sieht, nicht sehen will, verdrängt, um das eigene Selbstwertgefühl nicht zu verletzen.

Verdrängte Charakterschwächen - das hat C. G. Jung hilfreich gesehen - bilden nämlich eine Quelle von Unausgeglichenheit, Unruhe, ja häufig auch von Zerwürfnis und Streit, weil sie sich nämlich im Keller der Seele nicht etwa lautlos verhalten, sondern mit unangemessenen Verhaltensformen dem einzelnen Menschen und seinem Umfeld immer die gleichen Schwierigkeiten machen.

Als sogenannter Projektionsmechanismus werden sie z. B. anderen Menschen nachgesagt und bei diesen besonders abgelehnt: der heimlich Geizige empört sich gerade besonders über die Geizigen in der Gesellschaft, der heimlich Geltungssüchtige kann den Gockelnden besonders schlecht ertragen, der heimlich Intrigante wittert überall Intrige, der Machtgierige sucht die Mächtigen zu entthronen, der Zu-kurz-Gekommene möchte umverteilen, und das meint eigentlich: Zu-sich-Hinverteilen, um endlich genug zu haben.

Aber auch gelegentliche vehemente Durchbrüche des verdrängten Schattens können stören: der lammfromm Friedliche verstört die Umwelt durch Jähzornsausbrüche, der Schweigsame durch plötzliche, nicht endenwollende Monologe, der Überbescheidene und Anspruchslose zeigt plötzlich eine Anwandlung von Gier, von Unersättlichkeit, ja, von Übergriffen auf fremdes Eigentum usw. Die Reihe lässt sich beliebig verlängern und bildet ein fruchtbares Feld vor allem in den ersten Stadien einer Psychoanalyse nach C. G. Jung.

Das zweite Stadium der Selbstverwirklichung ist das der Integration der bisher nur unzureichend entfalteten Seelenanteile im Menschen. C. G. Jung hat hier ein umfängliches System entwickelt. Er spricht von vier Funktionen der Seele, dem Denken, dem Fühlen, dem Empfinden und dem Intuieren, die jeweils dominant oder rezessiv, jedenfalls unausgewogen in der einzelnen Seele vorhanden sind. Die ungelebten Teile werden im Prozess der Selbstverwirklichung zur Nachentwicklung angeregt, um so zu einer Ergänzung der Seele vorzustossen. Jung hat zur Verdeutlichung dieser Lehre die Termini "Anima" und "Animus" erfunden. Bei Männern und Frauen sind meist unterschiedliche Funktionen entfaltet bzw. unterentwickelt, bei den Männern eher z. B. die Empfindungs- und Intuitionsfunktion, bei den Frauen eher die als männlich zu charakterisierenden Eigenschaften wie das abstrakt-logische Denken, Sachlichkeit, Objektivität usw.

Lange Bemühung um Entfaltung des bisher Verkümmerten gehört nach C. G. Jung zu einem solchen Vorgang der Selbstverwirklichung. Zu diesem inneren Weg gehört auch die Erforschung der eigenen Begabungen und der Versuch, ihnen zur Verwirklichung, eventuell auch, wenn sie lange ungenutzt blieben, zur Nachentwicklung zu verhelfen, eben indem man sich bemüht, sie in einer altersentsprechenden Form nachzugestalten, jedenfalls das real Mögliche in Angriff zu nehmen und ans Licht zu bringen, statt es weiter im Dunklen ungelebt verkümmern zu lassen.

Der Prozess der Selbstverwirklichung mündet, wenn er gelingt, in eine Selbstfindung ein, d. h. es wird eine innere Ausgewogenheit erkämpft, in der auch die angelegten Begabungen angemessen zum Zuge kommen. Dieser Vorstoss zum "Selbst" ist nach C. G. Jung keineswegs mit einem primitiven Egoismus identisch - im Gegenteil. Egozentrizität ist für C. G Jung geradezu das Kennzeichen einer noch unausgereiften, an verdrängte Antriebe gefesselten Seele. Der echt selbstverwirklichte Mensch steht vielmehr in einem lebhaften Wirkgefüge zu seiner Umwelt, ja zum Kosmos. Er ist wie ein heil gerundeter Mikrokosmos, der in magischer Symbiose zu einer alles umfassenden Gottheit und in Verbindung zur eigenen Tiefe bzw. zur Welttiefe friedvoll und aktiv zugleich am Weltganzen teilhat.

Diese Lehre hat in unserer Zeit eine grosse Bedeutung gewonnen. Sie hat ein durchaus erfreuliches Suchen nach Selbsterkenntnis, nach Verstehen seiner selbst angebahnt, statt das innerseelisch als gefährlich Erlebte zu verwerfen. Sie hat das Fragen nach einer den Begabungen entsprechenden Berufsfindung angeregt, und sie hat bei schweren neurotischen Behinderungen durch gehemmte Seelenteile und Antriebe therapeutische Wege aufgezeigt. Das war fruchtbar und eröffnete manche Chance zu innerseelischer Vertiefung, zur Differenzierung der Persönlichkeit und zu einer gegenseitigen, verstehenden Toleranz gegenüber den allgegenwärtigen Unvollkommenheiten der Menschen.

So gut, so erfreulich zunächst. Und liegt - gerade in diesen Möglichkeiten zu mehr Verstehen - nicht eine Übereinstimmung mit dem christlichen Liebesgebot, einander anzunehmen, ja, vielleicht sogar eine gekonnte moderne Konkretion der Verwirklichung des Christusgebotes, den Nächsten zu lieben - eben "wie sich selbst" (Mt 22, 39)? Man könnte direkt sagen: Wird hier nicht eine Möglichkeit aufgezeigt, so zu einem besseren Verstehen, Annehmen und Lieben des anderen zu kommen, eben weil und seit man sich selbst (mit all den schwarzen Flecken in seiner Seele) erkannt und angenommen hat?

Mir scheint in der Tat, dass daran kein Zweifel besteht und dass hier die moderne Tiefenpsychologie sowohl der Anthropologie wie auch der christlichen Seelsorge gute griffige Hilfsdienste geleistet hat. Freilich ist das Erkennen des Schattens so neu nicht, wie es auf den ersten Blick erscheint. Auch Christus empfiehlt uns auf dem Weg zur Liebe und zur Vergebung des fehlerhaften Nächsten bereits unverblümt, erst einmal den Balken im eigenen Auge zu erkennen und auszuräumen, ehe man sich an den Splitter in dem des anderen macht (Mt 7, 1-5). Und auch die Selbstverwirklichung als Entfaltung der Begabungen wird von Christus in einem sehr entschiedenen Aufruf zum "Wuchern mit den Talenten" als ein Weg zur Selbstverwirklichung bereits im Christentum vorgegeben (Lk 19, 13-26). Bis hierin herrscht also eine Übereinkunft, bis hierin kann die Tiefenpsychologie samt der Einbringung einer befruchtenden Symbollehre zur vertieften Erkenntnis und zum konkreten Umsetzen des Erkannten beitragen.

Bis hierher also gilt es der eingangs erwähnten Diskutantin zu widersprechen. Es gibt eben doch eine gewisse Übereinstimmung zwischen der richtig verstandenen Selbstverwirklichung und dem christlichen Liebesgebot. Dennoch darf nicht übersehen werden, dass die Lehre von C. G. Jung in der Lage ist, die Menschen der Moderne auf einen gefährlichen Irrweg zu locken.

Der Weg zur Selbstverwirklichung nach C. G. Jung bietet uns eine Verheissung: Integriere deine Charakterschwächen, ruft er uns zu, ergänze dich! Und der kosmische Friede in Gott wird dein sein. Du musst nur an dir arbeiten, so gelingt dir die Abrundung der Seele. Viele neue Propheten der New-Age-Bewegung haben diese Prämisse mittlerweile aufgenommen, wie z. B. auch der abtrünnige Priester Drewermann, und viele ziehen dazu noch viel ausdrücklicher Fernöstliches hinzu, mit dem Ziel, auf diesem Weg zu einer multi-religiösen Gesellschaft vorzustossen.

Ja, warum dann aber auch nicht, denken deshalb bereits sogar viele Christen, warum nicht mit einer neuen Zeit auf einem klein gewordenen Planeten Erde zu neuen Lebensentwürfen mit einem weiteren Horizont vorstossen?

Nun, so möchte ich als erstes nüchtern und als eine, die seit mehr als 30 Jahren täglich psychotherapeutische Praxis macht, dazu aussagen, weil es mit diesem Konzept keineswegs so schön funktioniert, wie es in der jungianischen Literatur einleuchtend erscheint. Je grösser die Schwächen, als um so unverbesserlicher, als um so rückfälliger erweist sich in der Praxis der Mensch. Im Erwachsenenalter einfach so mit ein bisschen Selbsterkenntnis sich zu befreien von all den Fesselungen, den Gehemmtheiten, den seelischen Verletzungen, den hart eingefahrenen Gewohnheiten, wie sie heute bereits zum Durchschnitt der Seelen gehören - das ist zwar ein schönes Ideal von Selbstverwirklichung, aber es lässt sich eben gerade nur sehr schwer und oft auch einfach gar nicht verwirklichen!

An dieser Gegebenheit, die zu der berechtigten heutigen Enttäuschung an der Psychotherapie geführt hat, wird ein entscheidender Irrtum dieser Lehre sichtbar:

146

Der Mensch ist nämlich in Wirklichkeit gar nicht in der Lage, sich selbst zu erlösen! Seit Evas Zeiten ist das zwar ein sich immer wieder erneuernder Wunschtraum, aber er ist und bleibt eine anmassende Utopie! Und deshalb wird auch der modische Neuaufguss dieses Versuchs scheitern. Der Mensch bleibt ohne Gott - zwischen Dornen und Disteln jenseits von Eden - auf sich allein gestellt und ist - sich allein auf sich selbst berufend - grundsätzlich ein Unvollkommener, ein Versuchbarer, ein Verführbarer, ein Geschwächter, ja, ein rettungslos dem Tod Preisgegebener, ein Verlorener, der sich statt der ersehnten Selbstverwirklichung Dämonisierung oder vereinsamte Verzweiflung einhandelt, wenn er in seiner Lebensweise auf Selbsterlösung setzt. Apathie oder von Geistern bevölkerte Dämonisierung heissen die Endstationen dieser Reise!

In Wahrheit ist der Anfang zu echter gesunder und gesunderhaltender Selbstverwirklichung nur durch die nüchterne Akzeptanz der Erfahrung zu haben: Der Mensch ist nicht nur nicht in der Lage, sich selbst zu erlösen, er ist zwischen Geburt und Tod ein auf dieser Erde an die Natur Ausgelieferter, und es bleibt ihm gar nichts anderes übrig, als sich mit all ihren Schicksalsbrutalitäten abzufinden. Und doch gibt es ein Schlupfloch der Rettung, und das ist das Angebot Gottes, diese seine vor 2000 Jahren geoffenbarte Wahrheit, und seine dort vollzogene Erlösung der dies Glaubenden anzunehmen. In diesem Konzept steckt umfassendere und realistischere Selbstverwirklichung, denn es geht vom Menschen als dem Geschöpf eines Schöpfers aus, der mit den Menschen einen Plan hat, den himmelstürmenden Plan, sein Reich, das Reich der Liebe, auf Erden zu verwirklichen. Gott als den übernatürlich liebenden und gleichzeitig jeden einzelnen persönlich liebenden Vater zu verstehen (laut dieser Offenbarung) - das kann der Mensch in dankbarer Liebe für diesen Vater zum Zentrum seines Lebens werden lassen. Das ist das entscheidende Gegenkonzept gegen alle überheblichen Selbsterlösungsversuche der Menschheit. Die erste Voraussetzung zu jeglicher Selbstverwirklichung heisst danach: "Du sollst den Herrn, deinen Gott, lieben, von ganzem Herzen und von ganzem Gemüte" (Mt 22, 37). Dies ist der Schritt, der vor aller Auseinandersetzung mit dem Schatten zu geschehen hat, weil die liebende Dankbarkeit für einen liebenden, Leben, ja ewiges Leben schenkenden Gott, es den Menschen in freiwilligem Liebesgehorsam zu ihm möglich macht, ihnen einen Freiraum zu aktiver Mitarbeit in göttlicher Geborgenheit zu eröffnen. Und wenn dieser Glaubensschritt erst einmal vollzogen ist, dann kann beim nächsten Schritt, beim Lieben des Nächsten wie sich selbst (Mt 22, 39), gleichzeitig die Erfahrung gemacht werden, nicht zu genügen und damit unversehens zu einem Sünder gegen Gott zu werden und es zu bleiben. Und erst diese verzweiflungsvolle Erkenntnis macht Christi Erlösungstat zu einer befreienden, zu einer jubelnd begrüssten Erkenntnis und führt - richtig verstanden - wirklich zu dem von all den Selbsterlösern verheissenen (aber nicht einlösbaren) Seelenfrieden.

Der Weg der wahren Selbstverwirklichung führt über das Christus anrufende "Kyrie" und "miserere nobis" zum "pacem" einer Ausgeglichenheit, mit der ER uns beschenkt ohn' all Verdienst und Würdigkeit, wieder und wieder, ewig neu zu einem Frieden, der nicht durch noch so viel Selbsterfahrungsgruppen zu erringen ist. Viele Schwierigkeiten entfallen - ganz wunderbar im wahrsten Sinne dieses Wortes -, wenn dieser Weg erst einmal beschritten ist, gewiss auch die, um die heute so besonders viel Getöse gemacht wird: um die sogenannte Selbstverwirklichung der Frau. Dieses Gebilde wird zur Farce, wenn sie zu einem destruktiven Kampf mit dem Mann um die Macht entartet. Ehe, Familie und vor allem die Frau selbst gehen daran in bitterem Elend zugrunde. Selbstverwirklichung der Frau unter dem Vorzeichen einer Emanzipation von der Schöpfungsordnung wird sogar zu einem besonders bösartigen Überanspruch; denn ausser dem Ich wird dann alles andere schliesslich unwichtig, entartet in absoluter Pervertierung statt zur echten Verwirklichung der Frauenseele, zu kaltem Narzissmus nach der Devise von Wilhelm Busch: "Ist mir aber was nicht lieb, weg damit, ist mein Prinzip."

Die Selbstverwirklichung der Frau wird hingegen zum Segen, wenn vor allen Aktivitäten die Mutter Jesu als Vorbild angenommen werden kann, die mit dem: "Mir geschehe, wie Du (Gott) willst", an den Anfang die gehorsame Liebe zu dem sie liebenden Gott-Vater stellt. Dann kann auch die moderne Frau wieder sehen, dass sie keine von Gott Benachteiligte ist, indem sie Kinder gebiert und aufzieht, weil ihr höchster Wert eben nicht länger Geld, Besitz, Karriere oder Prestige ist, sondern die Liebe; dann kann sie erkennen, dass die Frau sogar eine besonders Ausgezeichnete, weil besonders zur Liebe Befähigte und dadurch eine Begnadete ist.

Mit seinen eigentlichen Begabungen wirklich zu wuchern - das ist erst möglich, wenn man sich selbst in den Lichtkegel dieser klar erkannten Wahrheit stellt. Und dann lässt sich auch ganz konkret die Realität der Aussage Christi erfahren: "Trachtet zuerst nach dem Reich Gottes (d. h. nach der Erfüllung seines Liebesgebotes), dann wird euch alles andere dazugegeben" (Mt 6, 33).

Frauenliebe statt Männerhass und Geschlechterkampf

Der Zeitgeist hat den Antrag angenommen und ab-gesegnet - Männer sind mies: Krawattenmuffel, die am Ewig-gestrigen starr festhalten, Chauvis, die ein nichts-würdiges Unterdrückungsbedürfnis hemmungslos und unverbesserlich ausleben, Bosse, die auf Alleinherr-schaft aus sind, Egoisten, die kirchliche Privilegien ebenso für sich in Anspruch nehmen wie die Hochstühle in Politik, Wirtschaft und Wissenschaft, "Graue-Hirn-rinde-Heloten, eingeengt in ihre festgefahrenen Denk-geleise, abgezweckt auf Nutzeffekt; monströse Gigan-ten der Technik, Schwätzer, Bürokretins, Intellektuelle" (Sir Galahad)[21]. Und in jüngster Zeit ist zusätzlich auf das vernichtende Psychogramm gesetzt worden: Verge-waltiger mit und ohne Ehebett, Kindesmissbraucher, Kriegstreiber, Frauentotschläger.

Der Zeitgeist hat gesprochen. Wie ist die Reaktion? Schliesslich besteht die Menschheit zu 48% aus Wesen von dieser so verachtenswerten Sorte. Nun, von den Verdonnerten lässt sich nach psychologischem Grund-gesetz nichts anderes erwarten, als was das Gesetz befiehlt, wenn man an einem geschwächten Hebelarm sitzt: Man duckt sich und geht dann je nach Tempera-ment in einen der vorgeschriebenen Abwehrmechanis-men des Ich: Verleugnung oder Verdrängung, noch bequemer aber: Projektion und Identifikation mit dem Angreifer: Besonders in den USA seien die Männer so, während man selbst natürlich eine Ausnahme von der schlimmen Regel in all der sichtbarlich zur Schau ge-stellten Rollkragensaloppheit sei; oder noch viel befrei-ender: sich als sogenannter "Feminist" an die Spitze der Ankläger zu stellen und sich in weltgerechtem Masochismus mit dafür einzusetzen, dass das endlich aufhört - dieses Mann-Herrschen und Unterdrücken, dieses Den-anderen-alles-Wegnehmen und In-die-eigene-Tasche-Stecken. Rund um die Uhr kann man dieses eilfertig anbiedernde Männerkuschen aus dem Mediengebläse heraussäuseln hören.

Dass man als Mann dabei selbst in einen rasanten Schrumpfungsprozess geraten könnte, dazu angetan, als Däumling in den weiten Pluderhosentaschen der Frauen zu verschwinden, tritt anscheinend nicht ins Bewusstsein; denn schliesslich trägt man unter einlullenden Fanfarenklängen die anerkannte Standarte des Zeitgeistes zügig voran - und das ist ein erhebendes, die reale Situation verdeckendes Gefühl.

Und die Frauen, die Medien, wie reagieren sie? Nun klar doch - sie haben sowieso eine besondere Vorliebe fürs Modische - Anpassung daran verhilft ihnen zu entlastender Fröhlichkeit. Wie scheint es doch entspannend, dass man uns Frauen endlich aus unserer "Benachteiligung" heraushilft. Wohin? Nun, um endlich jenes Leben führen zu können, das diese "Leerstuhlinhaber" bisher für sich allein in Anspruch nahmen.

Dass man uns damit Positionen anbietet, die der magisch-mystische Geist der New-Age-Bewegung mit dem Stempel des Verachtungswürdigen versehen hat, fällt uns dabei nicht weiter auf, wirkt schliesslich als das viele Geducke und Gegockele und Geschnurre der Medienfeministen ein klein wenig doch auch berauschend-verstandberaubend auf uns zurück.

He, Adam, wie lange willst du das derart schläfrig weiter mitmachen? Weckt dich vielleicht des wackeren

Kaltenbrunners horrorgemalte Zukunft vom "kalten Monster" des Mutti-Staates, die Vision "des kältesten aller Ungeheuer", "kleinlich, engherzig, bigott, prüde, zänkisch und bedrückend", diese Schau des durchanalysierten Mahners, der den Mut hat, seine Mannangst vor der grossen Mutter nicht zu verdrängen, sondern sich ihr zitternd zu stellen? [22]

Aber vermutlich ist Aufgeschrecktheit dieser Art nicht einmal nötig; denn es besteht wohl in Wirklichkeit weder die Gefahr, dass die grossen Mütter Kaltenbrunners oder die Amazonen der Galahad noch die autonomorgiastischen Feministinnen der Alice Schwarzer das Zepter übernehmen. Es gibt keine historischen, mythischen, psychoanalytischen oder frauenbewegten Vorreiterinnen des neuen, echt mannmachtgefährdeten Typs. Meines Ermessens wäre er allein in der Lage, die neue Schlacht "im Gewoge der Geschlechter" - bald hadernd verschlungen, bald sehnsuchtsvoll entzweit durch die Zeiten stürzend" (Sir Galahad) [23], für sich siegreich zu entscheiden. Das ist der Typ der flachbrüstigen Männin, mit der hormonell exstirpierten Leib-Seele, das Neutrum mit dem flinken, fleissigen, nüchtern berechnenden Kopf, mit dem fabelhaften Organisationstalent, mit der zähen Durchhaltefähigkeit, der besseren Gesundheit, der längeren Lebensdauer, dem überwältigenden Redefluss und der sitzfreudigen Schulfähigkeit.

Diese Züchtung ist das Novum unseres ausgehenden Jahrhunderts, und sie erst wird die um ihre Macht schläfrig noch nicht wirklich besorgten Männer in der Tat das Fürchten lehren; denn erst für diesen neuen Hetärentyp vermag weltliche Macht zum erstrebenswerten, radikal durchgezogenen Lustziel mit Priorität vor allem Persönlichen zu werden.

Adam, wach auf und erschaudere; denn was hier angeboten wird, worauf du dich längst als Mitakteur eingelassen hast, ist nichts anderes als der Urpakt zwischen dem Teufel und der Frau in apokalyptischer Neuheit. Und die Dornen und Disteln, in die du heute dadurch bereits geraten bist, sind so dschungelhaft, dass übermenschliche Hilfe nötig wäre, um das noch einmal zu gepflegter Kultur umzuwandeln.

Um dem Verhängnis Einhalt zu gebieten, müsste als erstes einmal die Wahrheit auf den Tisch. Die Anwältin für sie gilt es zu suchen. Und mir scheint, dass sie nur in einer einzigen Spezies zu finden ist: Bei den Frauen, die ihre Männer lieben; bei den zeitlosen Frauen, die auf die Macht pfeifen, weil sie etwas besseres kennen; bei jenen Frauen, die gar nicht wie Männer sein wollen, weil sie gerne Frauen sind, bei Frauen, die das christliche Liebesgebot vor allem in bezug auf ihren Allernächsten, ihren Ehemann, ernst nehmen und zu leben suchen.

Diese Wahrheit heisst: Was uns der Zeitgeist hier aufnötigt, ist eine negativ übertreibende Verteufelung der Männer. Wir sollten sie uns nicht länger gefallen lassen. Was haben wir davon, wenn man uns Frauen gegen sie aufhetzt? Nichts als Unglück und Verlassenheit. Wir lieben unsere Männer und halten sie für liebenswert. Wir verwahren uns dagegen, sie zu verachtenswerten Halbverbrechern herabwürdigen zu lassen. Wir mögen sie und schätzen ihre vielen beglückenden Eigenschaften. Wir sind gern von ihnen abhängig, weil wir in ihrem Schutz so frei sein können, wie niemals ohne sie. Sie sind nächst unseren Kindern die in unsere Obhut gegebenen Nächsten, und weil sie unserer Liebe würdig sind, wollen wir nicht mehr länger dulden, dass der Zeitgeist sie für nichtswürdig erklärt. Gewiss doch, sie rangeln um die Hochschulstühle, sie panzern sich auch oft gegen uns ab, pochen auf ihre vielen Reservate oder bestimmen manches ohne Absprache mit uns, ja, gewiss doch, sie haben ihren Schatten - diese Männer (wie wir auch - nur anders!). Dennoch sind sie wunderbar mit all ihren Fähigkeiten zu erfinden, zu verändern, zu beschützen, zu versorgen, sich für das grosse Ganze einzusetzen. Nur zu unserem eigenen Nachteil führt es, wenn man es uns vermiest, ihre Fähigkeiten, ihre positiven Eigenarten zu erkennen und anzuerkennen. Und natürlich müssen sie sich verwirklichen, zumal ihnen das auch noch Spass macht, wie zum Beispiel das Erfinden von Technik. Uns hingegen beflügelt das nur selten einmal, eben weil wir anders sind. Ist es etwa nichts, wenn ein Mann für seine Familie die Brötchen verdient und seine Kraft in Gestalt der Lohntüte allwöchentlich auf dem Küchentisch entäussert und der Familie damit Sorglosigkeit gewährleistet, ja, ausser Brot alle möglichen Chancen zur Welterweiterung?

Ist es etwa nichts, wenn er danach trachtet, einen Posten zu erklimmen, von dem aus er mehr noch seine speziellen Gaben verwirklichen könnte? Ist es nicht mehr der Erwähnung wert, dass Friede, Ordnung und Sicherheit in seinem kleinen Territorium herrschen, weil er darüber wacht und die Axt im Haus hat? Wäre es nicht besser, ihn für diese seine Art zu lieben, ihm dankbar Achtung zu zollen, sich daran zu freuen, ihn dafür zu loben, als Abend für Abend etwas von ihm zu fordern, was er nicht kann und wozu er nach des Tages Last auch nicht mehr die Kraft hat - zu Problemgesprächen, zu Tanzveranstaltungen, zu gesellschaftlichen Vergnügungen, die ihm kein Vergnügen machen?

Teuflisch ist diese Aufforderung zur Lieblosigkeit, zu der man uns Frauen per Zeitgeist zu nötigen sucht. Denn die nörgelnde vorwurfsvolle Unzufriedenheit der Frauen mit dem Verhalten der Männer bewirkt Zerstörerisches: Seinen Ausbruch nämlich - entweder als zornig-gewalttätige Primitivreaktion, als Abkapselung und schildkrötige Panzerung, oder als Auszug... Der listig zerstörerische Zeitgeist siegt dann zum Unglück sowohl der Frau als auch des Mannes unter Zerstörung des Nestes mit der unmündigen Brut. Er siegt unter listiger Zuhilfenahme zweier geschlechtspsychologischer Gegebenheiten: Der Aufhetzbarkeit der Frau und der so verletzlichen Ich-Schwäche des Mannes.

Verstehendes Erbarmen mit der psychischen Situation des Mannes wäre viel eher in der Lage, konstruktiven Fortschritt zu erwirken, als aufmüpfiges, neidvolles Benachteiligungsgeschrei. Die hohe Stellung der Frau im Schöpfungsgeschehen gibt dazu keinen Anlass. Im Gegenteil: Fasst man das schwache Ich des Mannes ins Auge, so gerät vielmehr seine Gefährdetheit, seine Schutzlosigkeit, die Notwendigkeit seiner Bewahrung ins Blickfeld.

Den Mannlebensauftrag nicht zu erfüllen, ist elementare Gefahr jedes einzelnen Exemplares dieser Spezies: Jeder Sohn geht aus einer Mutter hervor. Erfahren ihrer Allmacht gehört ebenso zu seinem Erlebnishintergrund, wie sein Ausgetriebenwerden zur zwingend verordneten zweiten Geburt der Pubertät: Die Ablösung von ihr, um zu seiner eigenen Lebensgestaltung, einer typisch männlich-kreativen ansetzen zu können. Von der Urfrau frei zu werden, das ist eine seine Männlichkeit immer neu gefährdende Notwendigkeit gegen den Verschlingungsrückfall, gegen den immer neu abgeschirmt werden muss, gegen den der gewaltloseste Sohn aller Söhne in aggressiver Distanzierung seine Grenze festlegte: "Was willst du von mir, Frau?" (Joh 2, 4)?

Wehe den Frauen, die die sexuelle Abhängigkeit des erwachsenen Mannes von ihnen dazu nutzen, seine Angst vor dem Rückfall ins Matriarchat seiner Kindheit zu wecken. Solche Angst produziert Mannherrschaft. Aus Angst macht der Tiger Angst, wissen die alten Chinesen.

Diesen Mann in seiner ihm selbst kaum einmal bewussten Lage wissend zu verstehen - das wäre konstruktive Aufgabe einer Gefährtin, die auf die Liebe setzt; denn diese Gefährtin würde ihren Gefährten eben besser verstehen, als er sich selbst; und sich anders verhalten als seine Mutter, von deren Ablösung Erfolg oder Misserfolg seines Lebens abhängt. Gefährtinnen solcher Art würden bewusst darauf aus sein, nicht zu bestimmen, sondern sich einzufühlen, nicht armstemmend Batterien von Vorwürfen abzufeuern, sondern Hintergründe zu ertasten, nicht um die Macht im Kral konkurrierend zu pokern, sondern sich um Ergänzung zu bemühen, nicht Nähe zu ertrotzen, sondern mit Freiräumen zu beschenken, nicht schmollend Grobheiten nachzutragen, sondern sie dem Anderssein zuzurechnen und zu vergeben.

Nur wenn es der modernen Frau gelingt, ihr naturhaft starkes Ich, das dem Primat des weiblichen Naturprinzips entspringt, zu erhalten, hat sie die Grösse, die es dem Mann möglich macht, ohne in panische Existenzangst zu geraten, befriedigende Gemeinschaft mit seiner Gefährtin zu haben, weil er sich bei ihr aufgehoben weiss, statt in die Gefahr zu geraten, von ihr vernichtet zu werden.

Lässt sie es zu, dass man ihr die stoischen Urelemente und Vorzüge ihrer Leib-Seele raubt, dann kann sie nicht die kraftvolle Gelassenheit leben, die zur durchhaltenden Liebe für den Mann die Voraussetzung bildet. Nur mit der inneren Freiheit, die ihre Souveränität aus ihrer Naturhaftigkeit und ihrem Gottgehorsam bezieht, kann die moderne Frau dem Fortschritt voranhelfen; diese Freiheit ist nämlich für sie nicht erreichbar, indem sie sich breitbrüstig ins Reich der Mütter zurückfallen und dort vom faustischen Mann besuchen lässt, sondern indem sie mit Hilfe des neu entfalteten Bewusstseins über ihren geschöpflichen Wert dem Mann hilft, sich an ihrer Seite zu verwirklichen, indem sie ihn durch eine ihn freilassende Liebe nährt; denn eine solche Liebe allein ist in der Lage, dem Mann zu einer Stärkung seines Ich zu verhelfen, so dass er nicht mehr zu toben braucht, so dass er kräfteverschleissendes Gerangel um die Dominanzhierarchien der Welt, mit dem er seine Angst vor den Frauen kompensiert, gar nicht mehr so nötig hat, und der Frau damit ein ebenbürtiger Partner wird. Nicht füssestampfend jakobinerhaft ist das zu erzwingen. Das neue Glück bedarf der weiblich klugen opferbereiten Zartheit, bedarf der grossen Liebe für den liebenswürdigen Mann, der samt seinem schwachen Ich angenommen wird, um seine wahre Wirklichkeit ans Licht zu bringen: Den echt mannhaft starken, nicht durch weibliche Machtanmassung vertrottelten, beseelt einfühlsamen Gefährten.

Durchglühtes Apostolat statt abgeschafften Zölibat

Zweifel an der Notwendigkeit eines zölibatären Lebens gehört zu den Hauptkritikpunkten an der katholischen Kirche. Aber lediglich von einer unverständig-weltlichen Perspektive her lässt sich in Frage stellen, ob Ehelosigkeit für den Priester angemessen ist. Der wahrhaft von Christus Berufene brennt in heiliger Liebe für seinen Auftraggeber so, dass ihm das Gelübde nicht einfach Verzicht, sondern höhere, beglückendere Verbindung bedeutet. Die Entscheidung, Priester zu werden, sollte deshalb nicht ohne ein gefühlsstarkes Erleben von Ergriffenheit erfolgen. Bereits in diesem Wort ist das enthalten, was unser Gefühl dann signalisiert. Der Zugriff Gottes, die herzsprengende Erschütterung, ein Erbeben des ganzen Seins, bis in die letzte Faser des Leibes und der Seele hinein. Davon spricht Christus zu Nikodemus und kleidet es in die Metapher: "Es sei denn, dass jemand geboren wird aus Wasser und Geist..." (Joh 3, 5). Die Theologen haben dieses so wichtige Wort gewiss mit Recht in Beziehung zum Taufsakrament gestellt. Ich nehme freilich an, dass es ganz schlicht auch heissen könnte: Voraussetzung für die Nachfolge ist es, dass du mit deinem ganzen leiblichen und geistlichen Sein von der Erkenntnis durchdrungen bist: "Ja, dies ist es, hier ist die Wahrheit und das Leben; ihr zu dienen, darauf kommt es an, dies ist mit meinem Leben gemeint." In solchem Fall weist das Gefühl bereits auf die Ausschliesslichkeit hin, die in dem Jesuswort bei der Berufung des Matthäus liegt: "Folge mir nach" (Mt 9, 9). Eine Gestimmtheit dieser Art ist von "Be-Geisterung", von allertiefster, das Ich überschreitender Liebe zu Gott gekennzeichnet. Ein solches Erschüttertsein bis ins Mark hinein, dieser Zugriff des Absoluten ist jedenfalls gewissermassen eine Vorprägung, die eine starke Basis ist, um echte Jüngerschaft lebenslänglich durchzuhalten.

Die Freiheit der Entscheidung ist damit freilich keineswegs einfach abgenommen. Schliesslich gibt es auch das Laienapostolat und viele andere Formen des Dienstes ohne die professionelle Einbindung in den kirchlichen, zölibatären Dienst. Der Dienst in der katholischen Kirche als Weltpriester oder im Orden setzt aber den Mut zum Gelübde des Verzichts auf eine weltliche Ehe voraus. Der priesterliche Dienst in der Nachfolge fordert den Berufenen derart total, dass eheliche und familiäre Verpflichtungen ihn mindern würden. Das Bedürfnis nach einem radikalen Einsatz, das das bewusste Opfer eines sogenannten "Privatlebens" einschliesst, sollte in der Entscheidung bestimmend sein.

Allerdings macht die Freiheit der Entscheidung, die Gott uns als Menschen gewährt, es an dieser Stelle für jeden, der sich berufen fühlt, nötig, sich zu fragen, ob sein Bedürfnis nach zölibatärem Dienst eventuell auf trüben und trügerischen Ursachen beruhen könnte. Vermutlich werden zwar die meisten der jungen Leute, die in ein Priesterseminar oder in einen Orden eintreten, auch einige, vielleicht sogar unbewusste, schwächliche Gründe für den Eintritt ins Priesterseminar mitbringen. Um Fehlentscheidungen vorzubeugen, sollen im folgenden Exkurs diese Probleme etwas ausführlicher dargelegt werden. Es ist von grösster Wichtigkeit, spätestens im Laufe der Studienzeit eine sorgfältige seelische Prüfung zu vollziehen, um sich seiner Motive bewusst zu werden; denn oberflächliche unzureichende Motive tragen nicht. Sie sind nicht geeignet, eine angemessene Basis für einen so bedeutungsvollen Lebensdienst zu sein.

Exkurs

Unzureichend sind alle jene Motive für den geistlichen Beruf, die allein aus Reaktionen auf Menschen entstanden sind. Man kann nicht Nonne werden, um sich an einem brutalen ungläubigen Vater, dessen blasphemische Schimpfkanonaden man eine Kindheit lang ausgehalten hat, zu rächen, gewissermassen um des süssen Gefühls willen, das man empfindet, wenn man dem Vater den beschlossenen Eintritt in den Orden verkündet. Man kann nicht Priester werden als der vielleicht ein wenig zu kurz gekommene mittlere Sohn in der Orgelpfeifenfamilie einer frommen Mutter, weil man hofft, dass man von nun an in ihren Augen der beste unter den Geschwistern sein werde. Ja, man sollte sehr genau prüfen, ob die Entscheidung nicht vielleicht aus Anhänglichkeit für eine geliebte fromme Lehrerin, oder allein wegen eines faszinierenden jungen Vikars geschieht.

Gewiss ist es ebenso wichtig, sich nicht aus Angst vor dem Unverständnis der Eltern oder durch den väterlichen Wunsch nach einem Nachfolger von der inneren Neigung abbringen zu lassen. Der Mut, standhaft der inneren Neigung mehr Gewicht beizumessen als "weltlichen" Meinungen, zahlt sich gewiss aus! Die "Welt" hat sich anmassenderweise dem berufenen Christen gern überlegen gefühlt und ihn oft lächerlich zu machen versucht. Heute ist das eher noch stärker geworden als in den vergangenen Jahrhunderten. Und dennoch darf einem Unverständnis dieser Art jetzt, wo einmal mehr alle liberalistischen Versuche der Selbsterlösung kläglich gescheitert sind, auch mit besonderer glaubensgewisser Gelassenheit begegnet werden.

Zu prüfen ist aber auch, ob eine heimliche Lebensangst das Hauptmotiv der Entscheidung ist. Zwar dürfen die guten Berufsaussichten entlasten, aber die Aussicht auf materielle Versorgtheit darf nicht im Mittelpunkt stehen. Um sein Brot braucht ein Diener der Kirche in der Bundesrepublik Deutschland zwar nicht zu bangen, aber als satter Lehnstuhl ist die Nachfolge Christi gewiss nicht gedacht.

Es gibt auch dies: Dass heute im Sexzeitalter manche junge Menschen bereits in ihrer Kindheit einen Schock, ein sexuelles Trauma erlitten haben: durch sexuelle Verführung, durch brutale verfrühte Aufklärung, durch schamlose Erwachsene. Es schaudert die so Verwundeten, wenn sie sich eheliche Zweisamkeit vorstellen. Tief in ihrer Seele gibt eine Ehescheu den Ausschlag zur Zölibatsentscheidung. Es gibt zum Beispiel Jugendliche, die einen Vater oder eine Mutter hatten, die in ihnen eingeprägte unaufgebbare Angst und Abscheu vor allen Wesen des anderen Geschlechts hervorriefen, so dass eine Ehe ihnen überhaupt gänzlich undenkbar erscheint. Oder umgekehrt auch: denen die gleichgeschlechtlichen Vorbilder so negativ waren, dass es ihnen unmöglich erscheint, als ein Mann, wie Vater, oder als eine Frau, wie Mutter ein annäherungsweise ähnliches Eheleben zu führen wie sie.

Es ist auch gar nicht selten, dass ein junger Mann in der Pubertät von der eigenen Sexualität wie von einer Riesenmacht in sich selbst angefallen worden ist, von einer Macht, vor der er sich als ohnmächtig, als entmachtet erlebt hat, so dass er ihr voller Furcht zu entfliehen sucht und hofft, das Problem durch Rückzug in eine neutrale Umgebung zu bewältigen, wo keine Konfrontation, bzw. Auseinandersetzung mit der Sexualität stattzufinden braucht. Manchmal ist es auch der Fall, dass ein junger Mann oder ein Mädchen spürt, dass (wie die BRAVO es doch vorschreibt) sich nie je ein erotisch-sexuelles Gefühl angesichts einer Person oder eines Körpers des anderen Geschlechts einstellte, stattdessen aber sehr rasch bei Gleichgeschlechtlichen, so dass die auf diese Weise tief verunsicherten jungen Menschen nun vor dem Sturm der Orientierungslosigkeit und Verzweiflung in ihrem Inneren einen ruhigen Hafen suchen. Und auch das gibt es: dass man sich bereits in schwere Schuld verstrickt hat - durch einen Rechtsbruch, durch gewalttätige Aggressionen, durch mörderische Gedanken gegen liebevolle Angehörige, so dass man durch den Zölibat zu sühnen hofft.

Und viel mehr junge Menschen, als wir es uns vorstellen können, sind in ihrer Seele bitter einsam, finden keinen Kontakt, sind zu schüchtern, um sich an Gesprächen zu beteiligen, haben Probleme mit dem Essen, mit dem Lernen, mit der Figur, mit dem Aussehen, so dass sie meinen, niemals je in diesem Leben etwas darstellen zu können, nie je anerkannt zu werden oder es zu etwas zu bringen. Noch andere haben sich auf der Welle des Zeitgeistes mittreiben lassen, haben mit 15, 16 oder 17 begonnen, mit ihrem Freund, ihrer Freundin zu schlafen - und dann liess er (oder sie) sie (oder ihn) einfach sitzen und nahm sich etwas anderes, womöglich gar die beste Freundin (oder den besten Freund), und nun steht man in dem tiefen Schmerz seiner Liebesenttäuschung allein da. Oder man hat sich in den Strudel wahlloser sexueller Kontakte begeben und ist nun angeekelt, enttäuscht, übersättigt.

So verständlich es ist, in all diesen so notvollen Lebenslagen nach einer Ausflucht zu suchen, so bedenklich ist es, allein aus reaktiven Gründen, gewissermassen in resignativem Trotz zu sagen: Nun, dann gehe ich eben ins Kloster. Man handelt dann praktisch nach dem Motto: Besser den Spatzen (die Kirche) in der Hand, als die Taube (die Welt) auf dem Dach. Nein, wem die Trauben eines Durchbeissens in der Welt zu hoch hängen oder zu sauer erscheinen, der sollte sich nicht der Illusion hingeben, dass man sich mit Hilfe eines zölibatären Lebens um die Lösung der Probleme herummogeln könne. Vor allem müssen die Schwierigkeiten erst einmal auf den Tisch. Sie sollten nicht immer neu ins Unbewusste verdrängt werden.

Unter sachverständiger Anleitung durch Seelsorger und psychologische Berater lässt sich ein Grossteil der Ängste in den Griff nehmen, lassen sich angemessen realistische Schlüsse aus ihnen ziehen. Sie jedenfalls dürfen bei der Entscheidung zum Zölibat nicht vorrangig bestimmend sein, womöglich gar, ohne dass sie dem Handelnden bewusst werden.

Hier ist eine sehr sorgfältige, sich den möglicherweise verdeckten Ängsten stellende Prüfung unumgänglich. Zwar bedient Gott sich manchmal auch und dann oft sehr ausdrücklich gerade des Gestrauchelten oder sogar des Kranken zu besonderer Berufung; und doch ist hier Nachdenklichkeit nötig, um nicht eine Lebenslüge zur Basis des radikalen Dienstes zu machen. Lügen haben kurze Beine. Sie tragen nicht weit. Die Selbsttäuschung enthüllt sich nur allzu bald als Ent-Täuschung mit einer zersetzenden Reue über eine falsche illusionäre Entscheidung.

Auf jeden Fall sollte der Versuch gemacht werden, in säuberlicher Trennung der Bereiche die Verletzungen der Kindheit, Auseinandersetzungen mit Angehörigen, persönliche Probleme und hinderliche Defizite ins Bewusstsein zu bekommen und seelisch-geistlich zu bearbeiten, statt sie unsortiert als ein beschwerendes und behinderndes Marschgepäck mit in das zölibatäre Leben hineinzunehmen.

Schwer tut sich ganz besonders unsere Zeit mit der Vorstellung eines glücklichen, eines seelisch tief erfüllten Zölibats. Gewiss, dass man ohne eheliche Bindung lebt, das scheint vielen Menschen heute durchaus möglich. Man ist dann eben "autonom", unabhängig, frei, ein "Single", aber gleichzeitig - so wird hinzugefügt - beileibe "kein Kind von Traurigkeit". Dieser Satz beinhaltet dabei sehr Gezieltes, und das heisst, man ist eben insofern modern und up to date, als man ein eher unverbindliches Geschlechtsleben führt, nach welcher Fasson auch immer. Zölibat - soll das etwa heissen, ohne sexuelle Betätigung zu leben? Ohne Zweifel, Paulus hat es so gemeint, ja, er hat es für die Christus unmittelbar Nachfolgenden als die bessere Lebensweise bezeichnet (1 Kor 7, 32-38). Und schliesslich ist auch von Christus selbst und den zwölf gestandenen Männern seiner Wahl kein Wörtlein über irgendeine Form von Sexualleben nach ihrer Erwählung verlautet worden.

"Wie das?", fragten mich Jugendliche kürzlich in einer herausfordernden Diskussion, "haben die keine sexuellen Probleme gehabt? Oder haben die leibfeindlichen Kirchenväter die entsprechenden Passagen nur lautlos ausgemerzt?"

"Das geht doch gar nicht, dann kriegt man einen Samenkoller", wusste neumodisch aufgeklärt ein 16-jähriger.

"Das ist ungesund, dann kriegt man Krebs, habe ich gelesen", behauptete eine andere.

"Dass es mit dem Zölibat im Grunde nicht geht, das lässt sich auch daran erkennen, dass die meisten unserer katholischen Pfarrer gar nicht keusch leben. Die haben heimlich sowieso alle ihre Mädchen", meldete sich ein vierter. "Man sollte den Zölibat abschaffen", schlug ein anderer vor, das führt doch nur zu Krampf und Heuchelei. Und ist das nicht einfach nur eine Masche der Kirche, ihre Leute auf diese Weise stramm an der Kandare zu halten, weil sie ohnehin fortgesetzt all ihre Schuld, ihre grosse Schuld beichten müssen?"

Fragen dieser Art sollte man sich stellen, um den modischen Anwürfen gegen das Zölibatsgebot der katholischen Kirche gewachsen zu sein. Zuerst muss wohl die Frage beantwortet werden: Ein Leben ohne jegliche sexuelle Betätigung im geschlechtsreifen Alter bei völlig seelischer und körperlicher Gesundheit, gibt es das überhaupt? Ganz ausser Frage steht es wohl, dass man das aus den Berichten grosser Nonnen ebenso schliessen darf wie aus dem Leben Jesu Christi und dem vieler Heiliger und Berufener in der Nachfolge auch. In der heiligmässigen Liebe für Gott den Vater über alles Mass kann offensichtlich sowohl der egozentrische Selbstbehauptungstrieb wie der Geschlechtstrieb gewissermassen ein- und umgeschmolzen werden. Dabei handelt es sich im Fall der Heiligen gewiss nicht einfach um das Ergebnis einer dem Leben trotzenden Disziplinierung, nicht um den Sieg des Willens nach einem verkrampften Kampf mit den Naturkräften des Innern, sondern um ein solches Erfasstsein von der Liebe Gottes und der Gebanntheit durch die Liebe zu ihm, dass alle Sinne darin gebündelt und auf den göttlichen Zielpunkt ausgerichtet werden. Das Naturhafte wird nicht verdrängt, nicht bekämpft, nicht verleugnet, sondern es wird zur allumfassenden Liebe transzendiert.

Der Zölibatär Paulus hat darüber hinaus aber auch im 1. Brief an die Korinther, besonders mit dem Satz: "Ich wünschte, alle Menschen wären (unverheiratet) wie ich" (1 Kor 7, 7), eine sehr physiologische Gegebenheit angesprochen, die heute, im Zeitalter des Sexzwanges, kaum einmal mit zur aufklärenden Information gehört: Dass das Bedürfnis nach sexueller Betätigung durch Aktivierung langfristig erheblich gesteigert wird, dass es umgekehrt durch Ablenkung kompensiert und sublimiert werden kann. Es wird selten einmal davon geredet, dass es für jeden Mann den entlastenden Samenerguss im Schlaf gibt. Der "Samenkoller" ist ein Ammenmärchen der Sexapostel. Der Mensch braucht seiner Sexualität ebenso wenig zu verfallen, wie der Sauf- und Fresssucht, aber er muss unbedingt etwas besseres, etwas tiefer Befriedigendes, etwas wirklich seelisch mehr Erfüllendes an ihre Stelle zu setzen haben. Im Kampf gegen die Natur in ihm selbst bleibt der Mensch der hoffnungslos Unterlegene, solange er sie mit Gewalt zu zwingen sucht. Es ist lediglich möglich, die gewaltigen Naturkräfte, die uns allen innewohnen, in den Liebesstrom einzubringen, der die Natur mit umschliesst, und sie so letztlich zu übersteigen. Peter Schellenbaum schreibt: "Menschen, die ihren Eros nicht in einer sexuellen Bindung ausdrücken, sondern in einer 'platonischen' Liebesbindung oder in der Hingabe an eine soziale, kulturelle oder religiöse Aufgabe, sind deshalb keineswegs asexuell. Sie haben manchmal im Gegenteil eine starke sexuelle Ausstrahlung. Ihr Körper mobilisiert in den intensiven Phasen der ihnen eigenen Hingabe die gleichen Hormone wie der Körper eines Menschen, der sich auf eine sexuelle Begegnung vorbereitet. Jeder Mensch kann die Erfahrung machen, dass die verschiedensten Formen der Hingabe, etwa in der tätigen Hilfe, im künstlerischen Ausdruck, im engagierten Gespräch und in der Sexualität, in ihm ähnlich belebende Gefühle des strömenden Einsseins hervorrufen, falls es wirklich Hingabe ist, die ihn bewegt, und nicht nur Selbstbestätigung. Nichtsexuelle Ausdrucksformen des Eros sind keine Umwege des Sexualtriebes, sondern authentische Variationen der einen Hingabe. Schliesst jemand die sexuelle Bindung ganz aus seinem Leben aus, muss er allerdings eine sehr starke andere Form der Hingabe wählen, die in ihrer Intensität der sexuellen Hingabe mindestens gleich ist. Sonst verknöchert er in seinem Ich." [24]

In der hier gezeichneten sublimierten Leidenschaft für Gott zu leben, das ist natürlich wesentlich leichter gesagt als getan, und selbst, wenn wir ein grosses Erweckungs- oder Bekehrungserlebnis gehabt haben, sind wir ganz gewiss nun nicht für unser ganzes Leben mit der unzerreissbaren, unanfechtbaren Schutzhülle der Wiedergeborenheit umgeben. Und dennoch ist es von allergrösster Wichtigkeit, das hochzeitliche Element im Dienst an der Kirche auf dem Weg zur Hochzeit des Lammes als gewisses Ziel und als ein Darauf-zu-Lieben fest im Auge zu haben, statt sich von vornherein mit modischen Halbwahrheiten resignierend abspeisen zu lassen. Aber dieser Weg geht von unten nach oben, über die Integration des Leiblichen. Johannes Bours sagt dazu treffend:

"Manche meinen, auf der Himmelsbrücke zu gehen. Sie sagen, dass sie ohne den Glauben und den Ausblick auf das Oben nicht leben könnten - und sie sagen es mit

Recht. Aber sie gehen vielleicht doch nur mit ihrer Vorstellung, mit ihrem Wunsch, mit ihrem Geist über die Himmelsbrücke wie über eine Traumbrücke. Sie gehen nicht mit ihrer nahen Lebenswirklichkeit über die Himmelsbrücke. Sie beginnen den Aufstieg nicht von ihrer 'Erde' her, von ihrem 'Unten' her. Sie machen eine Art Überstieg, den sie nicht mit ihrer Lebenswahrheit einholen. Die Himmelsbrücke aber muss bei mir auf der Erde beginnen (an dem harten Stein, auf dem Jakob mit seinem Kopf ruhte, als er im Schlaf die Himmelsleiter sah)."[25]

Ja, man sollte sich den Weg der Nachfolge noch nicht einmal einfach als eine fröhliche Partie in den Himmel direkt auf der Jakobsleiter vorstellen. Es gibt auf ihm viele Dornen, viele Fallen auch, und man wird gewiss nicht ohne Verletzungen davonkommen.

Eine grosse Schwierigkeit, die es zu bewältigen gibt, ist zum Beispiel das Alleinsein. Ja, wenn der Zölibatär schliesslich so heilig ist, wie Teresa von Avila in der sechsten Frömmigkeitsstufe, dann ist das vermutlich kein Problem mehr. Aber am Anfang mag der Blitzstrahl des Erfasstseins noch so umwerfend gewesen sein - es folgt Wüste, Dürre, Nebel, Nacht, Ebbe, oder wie auch immer wir das Gefühl der Gottferne, der Verlassenheit, des Einsamseins bezeichnen wollen.

Es dreht sich in diesem Leben ja auch nicht nur um Glaubensfragen: Da gibt es Probleme im Umgang miteinander, da gibt es Wehwehchen, Zahn-, Hals-, Kopfschmerzen. Da gibt es ein lustiges oder trauriges Erlebnis, da gibt es eine neue Einsicht, da gibt es beschämende Erfahrungen des Versagens. Wie entlastend ist dann der sich Mitfreuende, Mittrauernde, Mitdenkende, der tröstende, mitlachende Gefährte! Es ist von grosser Wichtigkeit, dass Zölibatäre sich gegenseitig mit dieser Gefährtenschaft beschenken, dass sie sich nicht auch Freundschaften unter Gleichgesinnten versagen. Sie sollten sich nicht damit kasteien, sich Mitmenschen vorzuenthalten, damit die Einsamkeit nicht wie eine schwarze Wolkenwand wächst und den Einzelnen zum Weglaufen davor dann geradezu nötigt! Nächstenliebe beginnt hier gewiss beim freundschaftlichen Umgang mit dem Mitzölibatär, bedeutet auch in dieser Lebensform, einer des anderen Last zu tragen und füreinander in liebender Seelsorge bereit zu sein.

Notwendig ist es dennoch sicher, rechtzeitig zu erproben, ob man über längere Zeit wirklich allein sein kann, ohne daran zu zerbrechen. Das Leben im Priesterseminar ist dazu allein nicht ausreichend. Hier sind doch immer Menschen in der Nähe. In mancher Pfarrstelle ist die Einsamkeit wesentlich grösser. Wer als ein introvertiert Veranlagter mit freudigem Genuss allein zu sein vermag, hat mehr Chancen, sich nicht fortgesetzt zu überfordern als der ausgesprochen Extrovertierte in einem zölibatären Leben.

Ein weiterer Punkt der Zölibatskritik wird heute daran aufgezäumt, dass manche Priester die Ehelosigkeit nicht durchhalten und ihr Gelübde brechen. Gewiss geschieht das vielen jungen Priestern und jungen Ordensschwestern, dass sie sich einmal in einen Menschen verlieben, und das heisst, dass die Gedanken plötzlich nicht mehr um Gott kreisen, dass sich das Gebet nicht auf IHN konzentriert, dass die Exerzitien nicht mehr mit heiligem Eifer, sondern vor allem wegen der Nähe der geliebten real greifbaren Person gesucht werden. Wenn der Zölibatär diese Möglichkeit vorher rechtzeitig ins Auge gefasst hat, wird er nicht in Panik geraten, wenn ihm dergleichen geschieht. Er wird nicht meinen, nun das heilige Gelübde gebrochen zu haben und für alle

Zeiten beschädigt zu sein. Er wird nicht meinen, dass es sich hier gleich um ein Versagen und um ein Verworfensein handeln muss, dem allein mit Resignation geantwortet werden könne. Der beste Weg, sich der Faszination durch ein irdisches Lebewesen zu entwinden, besteht darin, die Liebe zum Menschen als ein Stück des Vor-Liebens für Gott zu verstehen. Das Gefühl der Freude für diesen anderen und der Freude an ihm sollte zugelassen, aber immer als ein Stück geistlicher Teilliebe verstanden werden. Eros ist nicht gottfeindlich, in begeisterter Liebe darf auch für den Zölibatär die Frau - als die geistliche Mitgefährtin auf dem Weg zu Gott - angenommen und verstanden werden. Man sollte es aber vermeiden, dem anderen Menschen seine Verliebtheit einzugestehen und ihn damit zu belasten oder herauszufordern. Man sollte in einem solchen Gemütszustand auch zweisame Situationen vermeiden, in denen man von der Versuchung überrannt werden könnte; denn eine geschlechtliche Beziehung pflegt ein Tor von der Grösse eines Walfischmauls aufzutun. Sie erst fesselt nicht nur an die Seele der Person, sie stellt die Weiche hin zur Erde. Sie weckt das drängende Bedürfnis nach Wiederholung, sie führt in die Not des gebrochenen Gelübdes hinein - und in all die Fragen nach einer Lebensform zwischen Schein und Sein.

Es ist vermutlich wahr, dass manche Zölibatäre heute so leben. Und doch lässt sich mit dem Versagen einzelner an dem im verführerischen Sexzeitalter besonders schwer gewordenen Zölibat nicht die Berechtigung zu seiner Auflösung ableiten. Es ist unzulässig, die von Christus seinen Jüngern abgeforderte Radikalität des Dienstes zugunsten unseres entsittlichten Zeitgeistes aufzugeben. Der heilige Dienst bedarf aller Konzentration, die sich durch die Wahrnehmung weltlicher Interessen mindert. Ich möchte gerade deshalb in Kenntnis der vielen gequälten Berichte von Pfarrern und der weltlichen Geliebten all jenen, die Gott für seine radikale Nachfolge erwählt hat, raten, sich nicht um jenes Glück ihrer Lebenserfüllung zu bringen, das höher zu sein vermag als die Vereinigung menschlicher Paare. Psychologisch gesprochen ist es leichter, absolut keusch zu leben als gelegentlich einmal unkeusch. Es geht uns Menschen mit dem Geschlechtstrieb dabei nicht viel anders als wie dem Trinker mit dem Alkohol.

Keusch leben, das bedeutet ja auf gar keinen Fall, sich sein ganzes farbiges, irdisches Fühlen zu verbieten. Zu lieben, das ist nicht nur erlaubt, sondern der Kernsinn der Schöpfung. Der Ausspruch des Augustinus: "Der Geist muss eine Ehe eingehen mit der Seele" (Intellectus quodammodo maritus animae)[26] ist eine noch heute bedeutsame Empfehlung auch und besonders für Zölibatäre. Verkopfte, erosverdrängende Einseitigkeit macht starr und leer. Die Lebendigkeit des Fühlens zu erhalten, zum Beispiel durch Musik und Naturerlebnisse, ist wichtig und notwendig. Die Gestalt, die Schönheit der Seele einer einzelnen Frau zum Beispiel darf auch von einem Priester ebenso geliebt werden, wie eine herrliche Landschaft, wie eine Blume, wie ein Baum. Gottes Schöpfung will verehrt sein. Und schliesslich gehört auch die Akzeptanz der eigenen Leiblichkeit als einem Tempel Gottes, als "dem Anfang der Wege Gottes", der schöpferischen Kraft von Eros und Sexualität, dazu. Benehmen wir uns ihr gegenüber nicht wie das Kaninchen angesichts der Schlange, sondern verstehen sie als eine gottgewollte Schubkraft in uns, so wird es möglich, sie zu integrieren und mit ihr behutsam umzugehen.

Es braucht dann einen attraktiven Zölibatär auch nicht zu verwirren, wenn er von Frauen umschwärmt wird. Die Faszination, der die Frauen unterliegen, hat ihren Ursprung nicht im Bösen, sondern meistens darin, dass der Priester mehr oder weniger bewusst zu einem himmlischen Boten überhöht wird. Es ist daher von grösster Wichtigkeit, dass der Zölibatär den Charakter solchen Liebens besser versteht als die verliebten Frauen selbst und sich in ihr oft drängendes Angebot zu leiblicher Liebe nicht einfangen lässt. Auch das grosse Gefühl der jungen Ministrantin, die Hingabebereitschaft der verlockenden Ehefrau eines enttäuschenden Saufbolds für ihren Gemeindepfarrer, hat Raum in der Pilgerschaft der Gemeinde zu Gott. Der Zölibatär muss das nur zum Heil aller richtig einordnen!

In einem langen Therapeutenleben war das für mich alles erfahrbar: Der Priester mit der heimlichen Ehe, dessen Predigten allmählich immer flacher werden, Stimme und Gebärden immer scheinheiliger. Nicht weil sein Gott ihn verlassen hat, entstehen solche Reaktionsformen offenbar, sondern weil er selbst nicht mehr an sich glaubt, nicht mehr an seine Möglichkeit, Gott nah sein zu dürfen. Ich habe den laisierten Zölibatär erlebt, der mit einer geliebten Frau ein Lot von Kindern in die Welt gesetzt hat - und doch von einer gehetzten Unruhe getrieben ist, weil nicht Gott, sondern er selbst sich den Bruch des Gelübdes nicht verziehen hat. Ich habe die Tränen der unangetrauten Pfarrersfrauen getrocknet, die ihren Wunsch nach Kindern, nach einer Familie ihrem Zölibatär in zwanzigjähriger heimlicher Ehe geopfert hatten und deren priesterliche Partner sich eine neue Geliebte nahmen, als sie zu altern begannen. Und ich habe die Qual mancher Zölibatäre anvertraut bekommen, die der Richtung der irdisch gestellten Weiche in endlosen Kämpfen zu entfliehen suchten, und die an ihrem unverbesserlichen Versagen ihre Selbstachtung verloren hatten; aber auch die ganz entgegengesetzte Not: dass die Lebensferne und die panisch gefürchtete und verdrängte Sexualität den lebendigen Gefühlsstrom zum Versiegen und Versanden brachte. Ich habe Kinder von katholischen Pfarrern erlebt, die im Jugendalter ihre Enttäuschung an der vermeintlichen Treulosigkeit ihrer Väter zu Randalen und Welthass ummünzten.

Ich habe in mancherlei begleitender Seelsorge aber auch erfahren: Gott ist geduldig, barmherzig und grossmütig. Der Spielraum der Freiheit für seine Menschen ist weit. Umkehr und Versöhnung ist immer neu möglich, und die Eucharistie bleibt der wunderbare Garant eines durch Christi Blut vergebenden Gottes. Freilich muss er seine Söhne und Töchter sich selbst überlassen, wenn sie die Entscheidung treffen, nicht Ihm zu dienen, sondern der Natur allein oder ihr Ich zu ihrem Gott zu machen. Psychologisch ist es besonders gefährlich, dass sich der Angefochtene aus Verzweiflung über sich selbst dann von der Angel Gottes losreisst. Tut er das auch im Status des Versagens nicht, dann gehört alles mit in die Gottesliebe und das Gotteserbarmen hinein; dann wird für den um Gnade Suchenden von Christus mit umfasst, was im Grunde im liebenden Bezug von Menschen zueinander ohnehin von Gott gemeint ist, selbst dann, wenn an der Liebesweise noch eine Menge Erdklumpen hängen, selbst dann, wenn der Mensch noch auf einer Vorstufe der Nachfolge steht.

Das Leben in zölibatärer Berufung ist gewiss kein Tanz auf einer himmlischen Blumenwiese, aber es ist auch kein Nagelbrett. Der Christ darf straucheln. Wichtig ist allein, dass unser Blick fest auf das Ziel ausgerichtet bleibt, dass wir bereit sind, aus unseren Fehlern zu lernen und sie zu bereuen, statt unchristlich an ihnen zu verzweifeln. Der Weg des Zölibatärs enthält sicher viele Nachtmeerfahrten; aber er sollte sich auch nicht leichtfertig in sie hineinstürzen. Er könnte dann die bittere Erfahrung machen, dass er in falschem Heldentum seine Kräfte - zum Beispiel in modischer Leichtfertigkeit und Fehlbeurteilung der Naturgewalt - überschätzte.

Zölibat bedeutet, sich in das Feld zu begeben, in dem Gott mit wunderbaren Überraschungen beschenkt; es ist Auszeichnung und Erwähltheit. Die Faszination seiner Liebe ist so viel mehr als alles Menschenmass, dass es nicht möglich ist, sich ihr dauerhaft zu entziehen. Der Magnetberg Gottes behält - stärker als alle irdischen Zauberberge - die stärkste Anziehungskraft. Auf den zölibatären Anspruch eines solchen radikalen Gezogenseins kann die Kirche nicht verzichten, wenn sie der heilige Leib Christi bleiben will.

Ausklang: Umkehr tut not - ein Wort an die Priester

"Ihr seid das Salz der Erde. Wenn aber das Salz fade geworden ist, womit soll man salzen? Es taugt zu nichts mehr, als dass es hinausgeworfen und von den Leuten zertreten wird. Ihr seid das Licht der Welt. Eine Stadt, die auf dem Berge liegt, kann nicht verborgen bleiben. Auch zündet man nicht ein Licht an und stellt es unter den Scheffel, sondern auf den Leuchter, dann leuchtet es allen, die im Hause sind. So soll euer Licht leuchten vor den Menschen, damit sie eure guten Werke sehen und euren Vater im Himmel preisen" (Mt 5, 13).

Den Jüngern in des Herrn Nachfolge ist dieses Wort hoch oben in der dünn werdenden Luft des Erhabenen, des hohen Berges, von Christus zugesprochen worden - Herausforderung der dem Herrn Nachfolgenden für alle Zeit - und, so scheint mir, in einem ganz besonderen Mass für die Priester dieser Zeitwende; denn ist heute die Wahrheit des Christentums nicht wieder besonders hell hervorgetreten? Erinnern wir uns: 1933-45: Die Heimsuchung unseres Landes durch einen teuflischen Verführer. Er führte sich als Halbgott auf und schrie, dass er alles neu machen und ein tausendjähriges Reich zu ewigem Glück errichten wolle. 1940-45: Bittere Enttäuschung eines besessen gemachten Volkes. Die Lüge hatte kurze Beine gehabt.

Aber dann zeigte sich, dass sie bereits in den siebziger Jahren wieder auftauchte - die anmassende Lüge, dass der tüchtige Mensch sich seine Welt, seine paradiesische Zukunft selbst machen könne - durch Gesellschaftsveränderung diesmal, durchs Paradies der Gleichgemachten, durch Emanzipation von jeglicher Fessel, vor allem aber durch die Emanzipation von Gott, durch emanzipatorische Pädagogik, dialektischen Materialismus und was für "Ismen" auch mehr. Die Anmassung hatte sich ein anderes, ein modisches Gewand übergeworfen - aber es war der gleiche Geist, die gleiche Selbstherrlichkeit, die gleiche Unverfrorenheit, Gott zu entthronen, und statt dessen als Neumacher Mensch allein dessen Platz einzunehmen.

Mich musste das doppelt entsetzen, da ich durch meine psychologische Ausbildung und meine kinder- und jugendpsychotherapeutische Arbeit in einem kleinen, aber gewichtigen Teilabschnitt erkennen konnte, wie wenig eine solche egozentrische Weltsicht Kindern in ihrem Werdeprozess bekommt, wie sehr sich der Mangel an persönlicher Liebe, Opferbereitschaft und Zuwendung schliesslich im Erwachsenenalter böse auswirkt - als eine generelle seelische Schwächung, als Unfähigkeit zu lieben und zu arbeiten, sondern statt dessen zu neiden, zu raffen und zu hassen. Meine Berufsarbeit machte erkennbar, wie tief das Christentum wahr, wie unaufgebbar es ist, wie radikal und schlicht sich wissen lässt: Entweder wir geben Gott die Ehre und haben Zukunft, oder wir praktizieren Ursündenfall und gehen daran kaputt.

Aber hier wie einst sah es zunächst so aus, als triumphiere die Anmassung. Drittes Reich noch einmal, nur modisch anders: Abermals immer mehr Glaubensabfall, abermals immer mehr Kirchenaustritte, abermals - nun meist durchs Fernsehen, aber auch alt-neu per Kindesvergiftung durch Schulbücher - Verunglimpfung der Kirche, Verhöhnung der Priester, Angriffe auf den Papst, Lächerlichmachung der Marienfrömmigkeit, modernistische, im Grunde mit dem Glauben unvereinbare

Einlässe eines verwässernden Aktivismus in die Gotteshäuser, Politisierung, Unterwanderung, Befreiung von allem und jedem zur Beliebigkeit. Und wieder der gleiche, gar nicht erst ins Bewusstsein kommende Opportunismus, die gleiche Identifikation mit den Mächtigen - das sind heute vor allem die elektronischen Medienmacher - mit dem diesmal vom Osten her drohenden geistigen Angreifer, aber auch Opportunismus bei den Politikern und - wie im Dritten Reich - bei der evangelischen Kirchenleitung, während die katholische Kirche abermals standfest blieb und lediglich an ihren Rändern bröckelte.

Hoffnungslos eigentlich das Ganze durch die Mächtigkeit der einheitlichen Meinungsmanipulation und die elektronisch vielfältige Verführungsmöglichkeit der Menschen zum Schwankendwerden angesichts der "Schweigespirale" der Meinungsforscherin Noelle-Neumann, angesichts so vieler blendender liberalistischer Argumente des Fortschritts gegen die scheinbar ewig gestrige Papstkirche; denn wir dürfen nicht vergessen: In uns allen ist ein berechtigtes Bedürfnis nach Fortschritt, nach Flexibilität und Veränderung. Fortschrittlichkeit wirkt daher auf jeden von uns spontan als sympathisch, als lebendig, weil offen, weil beweglich und tapfer-risikofreudig. Aber diese unser aller psychische Befindlichkeit macht es doppelt schwer, an einer Kirche festzuhalten, die den Schatz letztgültiger Wahrheit in tausendjähriger tradierter Form bewahrt. Doch nun dämmert seit 1989 die Stunde der Unterscheidung der Geister, das Offenbarwerden der Wahrheit, der Zusammenbruch der Anmassung, die Bilanz eines Schalengerichts wie ein neues 1945 herauf! Und das ist die Stunde der Priester! Jetzt sind sie im höchsten Masse herausgefordert, angesichts des Zusammenbruchs des atheistischen Systems des Ostens wie auch angesichts der so negativen Bilanzen in unseren westlichen Ländern, sehr eindrücklich besonders kürzlich auch in Schweden.

Nur abrisshaft einige Schlaglichter, inwiefern diese Misserfolge des superschlauen Zauberlehrlings Mensch gleichzeitig Beweise dafür sind, dass Christus wirklich der Weg, die Wahrheit und das Leben ist: Wird der Atheismus zur Staatsreligion erhoben, so begibt sich der Mensch heraus aus dem Schutz Gottes, der jenseits von Eden durch Jesus Christus neu erwirkt wurde und im praktizierten Glauben durch die Eucharistie individuell realisiert werden kann. Ohne diesen Schutz regrediert der Mensch auf eine archaische Urstufe. Die Hoffnung auf selbstgemachte paradiesische Zustände in der Zukunft veredelt ihn jedenfalls gewiss nicht über Generationen hinweg. Ohne eine gläubige Verbindung zu Gott werden die Mächtigen immer egoistischer, korrupter, heuchlerischer, das Volk immer müder, antriebsärmer, hoffnungsloser, barbarischer, ja auch rücksichtsloser und gewalttätiger. Dadurch gedeiht schliesslich nichts mehr, so dass auch die Wirtschaft zusammenbricht.

Es wird gewiss nichts mit der Brüderlichkeit unter den Menschen, wenn sie den Vater-Gott verleugnen; es ist dann sehr bald jeder sich selbst der Nächste. Es wird dann auch nichts mit dem Ziel der Gleichheit; denn die Brüder und Schwestern sind nun einmal von Anbeginn alle verschieden - von Gott zu unverwechselbarer Einmaligkeit geschaffen. Wer das verleugnet, praktiziert schon bald eine Kinderseelen-verstümmelnde Fehlerziehung der Sprösslinge zur Gleichheit im Kollektiv nach Rasenmähermanier; und das ist ebenso anmassend schädlich wie überheblich-künstlich und produziert im

Erwachsenenalter schlimme Neurosen. Mit solchen Kollektiven lassen sich dann gewiss nach zwei bis drei Generationen keine Himmel mehr erstürmen.

Mit der dritten Devise der Französischen Revolution - der Freiheit ohne Gott - konnte es ohnehin in der Diktatur des Proletariats nichts werden. Die Freiheit ohne Gott - zum verabsolutierten Götzen hochstilisiert - zu Tode zu reiten, das haben wir uns hier im Westen in den vergangenen 40 Jahren vorbehalten: 20 Millionen Rauschgiftabhängige in den USA, zwei Millionen Alkoholiker in der Bundesrepublik, weitere mindestens drei Millionen anderweitig Süchtige; geschiedene Ehen massenhaft, Abtreibung, sexueller Missbrauch.

Das ist eine Bilanz, die sich wie eine Schlammflut in die Behandlungszimmer der Psychotherapeuten ergiesst: Schalengericht - Folge elenden, unverbesserlichen Sündentrotzes: "Und die übrigen Menschen, die durch diese Plagen nicht umkamen, bekehrten sich nicht von den Werken ihrer Hände und hörten nicht auf, die Dämonen anzubeten und die Götzenbilder aus Gold, Silber, Erz, Stein und Holz, die weder sehen noch hören noch gehen können. Auch bekehrten sie sich nicht von ihren Mordtaten noch von ihren Zaubereien, noch von ihrer Unzucht noch von ihren Diebereien" (Offb 9, 20).

Deshalb sind in den vorangehenden Kapiteln diejenigen Gegebenheiten, die von unserem Zeitgeist mit besonderer Verhöhnung ins Visier genommen worden sind, zu besserer Unterscheidung abgehandelt worden.

Vergleicht man nämlich die so schwerwiegenden negativen, unglücklich machenden Folgen, die die Auflösung der tradierten Normen hervorriefen, mit den

Lebensformen, in denen den päpstlichen Anweisungen Folge geleistet wurde, so lässt sich an dem uns Christen anempfohlenen Kriterium: "An den Früchten zu erkennen", die Wahrheit von der lügnerischen Verführung ganz gewiss unterscheiden.

Aber warum wird das nicht erkannt, warum führt es nicht zur Umkehr vieler Menschen? Liegt die Vergeblichkeit vieler Aktivitäten nicht vielleicht daran, dass es zu wenige vollmächtige Bussprediger gibt, die die modische Gottlosigkeit und das daraus resultierende egoistische Machen als zentrale Ursache der ganzen Not nicht nur erkannt haben, sondern diese Erkenntnis den Menschen unbeschadet der Tatsache, dass sie als "lächerlich" verschrien werden, unerschütterlich und tapfer vermitteln? Ja, lässt sich vielleicht sogar an der Gegebenheit, dass es Bussprediger gibt, die sich bewusst der Lächerlichkeit aussetzen, erkennen, dass dies die wahren, weil selbstlosen Propheten sind?

Ich bin der Meinung, dass wir heute in später Stunde nichts nötiger brauchen als tapfere, stimmkräftige, unverblümte Bussprediger - auf den Kanzeln, den Ambos, den Strassen, den Medienstudios ebenso wie in den Redaktionen.

Besonders die Insider der Kirchen sollten sich davon freimachen, sich unter das Verdammungsurteil des Zeitgeistes zu ducken. Busspredigt ist not, wenn wir auf Gottes Erbarmen hoffen wollen; denn für uns kann die Unbussfertigkeit in den Offenbarungen des Johannes (und die dadurch hervorgerufenen Katastrophen) ebenso gültig sein, wie Gottes Begnadung von Ninive, nachdem Jonas der Stadt zur Bussfertigkeit verholfen hatte.

Die Furcht, sich lächerlich zu machen, sollte niemanden, der heute im Apostolat steht, davon abhalten, den ihm anvertrauten Seelen aus lebenswichtiger Verantwortung einsichtig zu machen, wie verheerend der gottlose Geist unserer Zeit sich bereits auf die Menschen und die Natur ausgewirkt hat. Zahlen und Erzählbares haben wir als Material in den vorangehenden Kapiteln zu vermitteln versucht. Es ist verantwortungslos, dem Verdrängungstrend der Medien zu folgen, die gefährdenden Erfahrungen immer wieder unter den Teppich zu kehren, mit dem Argument gar, die Gemeindemitglieder schonen zu wollen. Es ist keine Zeit mehr dazu da, erwachsene Bürger im Status unmündiger Kinder zu halten, denen man die Wahrheit nicht zumutet. Und der Hirte selbst muss sich deshalb lossagen von dem Versuch, sich der Zeit anzupassen, um von ihr anerkannt zu werden und sich damit seinen (Schein-) Frieden zu erkaufen. Er muss dem Kleinmut begegnen, sich von Spott und Anfeindungen freihalten zu wollen, denn nur wenn er der Wahrheit dient, kann er zum Menschenfischer werden.

Aber deshalb ist heute vor allem der Priester an der vordersten Front gefragt! Mehr Messe, mehr Ansprache, Ansprache des einzelnen schon kirchenfernen Gemeindemitglieds muss sein. Jetzt muss der Deich gehalten, jetzt muss die Sturmglocke geläutet werden. Gemeindepfarrer sollten nicht mitmachen bei all den "actions", die den Heiligen Geist doch nur vertreiben. Sie sollten das grosse sonnenhafte Licht schwenken. In dieser Stunde muss deutlich werden, dass gerade der Zölibat der Auserwählten unaufgebbar ist, weil nur so die lebensrettende Radikalität des Dienstes verwirklicht werden kann. Heute gilt es neu, dem Geist des Zagens, der Versuchung zum Mitlaufen im Zeitgeist, dem Geist sophistischer Kritik abzuschwören und unverzagt, neu ermutigt, durch das Offenbarwerden der Wahrheit gekräftigt, mitzuhelfen, dass die verführten Menschen erfassen, welchen Stellenwert diese Zusammenbrüche der grossen Systeme des Ostens haben, damit die auch hier im Westen zu grossen Teilen verführten Menschen erkennen, wo entlang allein der Weg in eine wirklich gedeihliche Zukunft führt - nicht vom Kommunismus zum Kapitalismus, sondern durch Umkehr zum Christentum.

Im Grunde befindet sich der Priester heute in der Situation der Emmausjünger: Die Wahrheit ist neu unausweichlich erkennbar geworden. Die Stunde des Verschlafens in Getsemani, des Verkriechens, des Verleugnens in den Höfen, des Thomas-Zweifels sind vorüber. Sie sind absolut nicht mehr angemessen!

Die Wahrheit tritt jetzt klar sichtbar in den Vordergrund. Damit wird aber gleichzeitig auch eine immense Erwartung an die Hirten erkennbar: Dass sie sich neu erweckt diesem spezifischen Pfingstwunder unserer Tage stellen; dass die Priester selbst sich neu packen und im wahrsten Sinne des Wortes begeistern lassen von dem Auftrag der gottgewollten, so notwendigen Neuevangelisierung dieser Stunde! Das Salz darf jetzt nicht schal sein!

Also weg mit dieser Angefochtenheit durch die viele Kritik der weltlichen Mächte am Glauben, am Stand des Klerikers und der grossen einzigen Kirche! Weg von der zersetzenden Vorstellung, als Christ - speziell als Katholik und schon ganz und gar als hauptamtlicher - hoffnungslos veraltet und unzeitgemäss zu sein! In der Tat ja, Christentum ist dem Bösen in diesem Zeitgeist wirklich nicht gemäss. Es widerspricht ihm auf das Entschiedenste. Es ist mit ihm unvereinbar. Aber gerade damit sind die Priester ausgewiesen, das wahre Gold, das wahre Licht, das Licht der Wahrheit zu verwalten und mit der Hostie am Altar hinaufzuheben zur Verwirklichung in der Welt!

Angemessen ist deswegen in unserer Stunde auch nicht mehr das Zelebrieren und Predigen im Ton des vom Zeitgeist vorgeschriebenen sogenannten "Understatements". Mit Jubel, mit Schall, mit Trompeten, mit Harfen und Pauken muss die neue Verkündigung geschehen. Als Verkünder des Lichts dürfen, ja sollten die Priester leuchten, mit den Augen, mit Mund und Gebärde, hochgereckt, ausgestreckt, ausgebreitet - vor Gott für die Menschen, so wie Bach uns das mit dem Eingangschor seines Weihnachtsoratoriums vorgibt.

Unangebracht ist heute eine falsche Scham. Vollmundig sollte Kunde davon gegeben werden, was die Stunde geschlagen hat.

Angesichts des Offenbarwerdens der Wahrheit durch die Zeichen unserer Zeit muss es eigentlich unmöglich werden, in der Kirche noch Falsches zu verkündigen. Neu von der Wahrheit durchdrungen, kann durchglühte Überzeugung aufleuchten, und sich so die Hoffnung mehren, dass sich auch in Zukunft für uns Begnadung ereignet!

Anmerkungen

[1] Matthies, Helmut, Im Griff der Stasi, idea Spektrum H 50, 11.12.1991

[2] Brezinka, Wolfgang, Die Pädagogik der neuen Linken, Ernst Reinhardt Verlag, München/Basel, 5. Aufl. 1980.

[3] Hauke, Manfred, Die Problematik um das Frauenpriestertum vor dem Hintergrund der Schöpfungs- und Erlösungsordnung, Verlag Bonifatius-Druckerei, Paderborn, 2. Aufl. 1986.

[4] Müller, Michael (Hrsg.), Plädoyer für die Kirche, mm-Verlag, Aachen 1991.

[5] Sullerot, Evelyne (Hrsg.), Die Wirklichkeit der Frau, Verlag Steinhausen, 1979.

[6] Hauschildt, Ingeborg, Die feministische Versuchung und die Antwort der christlichen Frau, Brockhaus Verlag, Wuppertal und Zürich 1989.

[7] Gaspari, Christof, Eins plus eins ist eins, Herold Verlag, Wien, München 1985.

[8] Van den Aardweg, Gerard, Das Drama des Homosexuellen, Hänssler-Verlag, Neuhausen, Stuttgart 1985.

[9] Löw, Konrad, Terror, Theorie und Praxis im Marxismus, Mut-Verlag, Asendorf 1990.

[10] Motschmann, Klaus, Mythos Sozialismus. Von der Schwierigkeit der Entmythologisierung einer Ideologie, Mut-Verlag, Asendorf 1990.

[11] Katholischer Volkskatechismus, ausgearbeitet von Franz Spirago, Prag 1926.

[12] Sartre, Jean Paul, Ist der Existentialismus ein Humanismus? Zürich 1947.

[13] Beauvoir, Simone de, Das andere Geschlecht, Sitte und Sexus der Frau, Rowohlt Verlag, Reinbek bei Hamburg 1973

[14] Simpfendörfer, Karl, Verlust der Liebe. Mit Simone de Beauvoir in die Abtreibungsgesellschaft, Christiana-Verlag, Stein am Rhein 1990.

[15] Balthasar, Hans Urs von, Epilog: Die marianische Prägung der Kirche, in Beimert, W. (Hrsg.), Maria heute ehren, Herder Verlag, Freiburg-Basel-Wien 1977, S. 276.

[16] Kentler, Helmut, Sexualerziehung, Rowohlt Verlag, Reinbek bei Hamburg 1972.

[17] Motschmann, Jens, So nicht, Herr Pfarrer, Ullstein Verlag, Berlin-Frankfurt 1991.

[18] Schroer, Silvia, Gott, Jesus und die Sophie im Neuen Testament, in "Bibel heute" 3/1990, S. 146.

[19] Schüngel-Straumann, Helen, Die göttliche Weisheit in Sprüche 8 und Sirach 24, in "Bibel heute" 3/1990, S. 151.

[20] Schüngel-Straumann, Helen, ebenda S. 161.

[21] Sir Galahad, Mütter und Amazonen, Non-Stop-Bücherei, Berlin-Grunewald 1962, S. 62.

[22] Kaltenbrunner, Gerd-Klaus, Verweiblichung als Schicksal, Herderbücherei Initiative 23, Freiburg-Basel-Wien 1978, S. 27.

[23] Sir Galahad, ebenda S. 317.

[24] Schellenbaum, Peter, Das Nein in der Liebe. Abgrenzung und Hingabe in der erotischen Beziehung, Kreuz-Verlag, Stuttgart 1986, S. 101.

[25] Bours, Johannes/Kamphaus, Franz, Leidenschaft für Gott, Verlag Herder, Freiburg 1981.

[26] Augustinus, Bekenntnisse, Frankfurt-Hamburg 1957.

Literaturverzeichnis

Van den Aardweg, Gerard, Das Drama des Homosexuellen, Neuhausen-Stuttgart 1985.

Augustinus, Bekenntnisse, Frankfurt-Hamburg 1957.

Balthasar, Hans U. von, Epilog: Die marianische Prägung der Kirche, in Beimert, W. (Hrsg.), Maria heute ehren, Freiburg-Basel-Wien 1977, S. 276.

Beauvoir, Simone de, Das andere Geschlecht, Hamburg 1952.

Bours, Johannes/Kamphaus, Franz, Leidenschaft für Gott, Freiburg 1981.

Drewermann, Eugen, Das Matthäus-Evangelium, Olten 1992.

Galahad, Sir, Mütter und Amazonen, Berlin-Grunewald 1962.

Gaspari, Christof, Eins plus eins ist eins, Wien 1985.

Goethe, Wolfgang von, Gesamtausgabe, Hamburg 1960.

Görres, Ida-Friederike, Über die Weihe von Frauen zu Priesterinnen, Der christliche Sonntag 25, 1965, S. 197-199.

Hauke, Manfred, Die Problematik um das Frauenpriestertum vor dem Hintergrund der Schöpfungs- und Erlösungsordnung, Paderborn 1982.

Hauschildt, Ingeborg, Die feministische Versuchung und die Antwort der christlichen Frau, Wuppertal 1989.

Illies, Joachim, Schöpfung, Scham und Menschenwürde, Kassel 1977.

Jacobi, Jolande, Die Psychologie von C. G. Jung, Zürich 1959.

Jung, C. G., Gesammelte Werke, Band I-XVII, Olten 1971.

Kaltenbrunner, Gerd-Klaus, Verweiblichung als Schicksal, Freiburg 1978.

Kentler, Helmut, Sexualerziehung, Hamburg 1971.

Krenn, K., Gemeinsamkeit der Würde - Verschiedenheit des Dienstes, Die Stunde des Laien, St. Ottilien 1987.

Le Fort, Gertrud von, Die Ewige Frau, München 1962.

Lorenz, Erika, Ins Dunkel geschrieben, Freiburg 1987.

Löw, Konrad, Terror: Theorie und Praxis im Marxismus, 1990.

Marcuse, Herbert, Versuch über die Befreiung, 1969.

Marx, Karl, Frühe Schriften, I/II, Stuttgart 1962/1971.

Meves, Christa, Kurswechsel, Freiburg 1992.

Meves, Christa, Die Bibel hilft heilen, Freiburg 1992.

Meves, Christa, Der alte Glaube und die neue Zeit, Freiburg 1988.

Meves, Christa, Eltern-ABC, Elemente einer christlichen Erziehung, Freiburg 1990.

Meves, Christa, Im Schutzmantel geborgen, Gespräche mit Leidenden, Freiburg 1989.

Meves, Christa, Ich will mich ändern, Freiburg 1981.

Meves, Christa, Seelische Gesundheit und biblisches Heil, Freiburg 1979.

Meves, Christa, Die Bibel antwortet uns in Bildern, Freiburg 1973.

Meves, Christa, Dienstanweisungen für Oberteufel, Freiburg 1981.

Meves, Christa, Sein wie Gott, Kassel 1981.

Meves, Christa, Ninive darf nicht untergehen, Kassel 1975.

Meves, Christa, Anima, verletzte Mädchenseele, Kassel 1987.

Meves, Christa, Ohne Familie geht es nicht, Kassel 1983.

Meves, Christa, Das Geringste gilt, Kassel 1981.

Meves, Christa, Kindgerechte Sexualerziehung, Kassel 1992.

Meves, Christa, Ein neues Vaterbild, Stein am Rhein 1989.

Meves, Christa, Plädoyer für das Schamgefühl, Kassel 1985.

Meves-Schetelig, Ulrike, Die erste Lebenswoche, Psychologische und biologische Aspekte der Mutter-Kind-Beziehung beim Menschen unter besonderer Berücksichtigung des Rooming-In, Kassel 1980.

Moltmann-Wendel, Elisabeth, Ein ganzer Mensch werden. Reflexionen zu einer feministischen Theologie, Evangelische Kommentare 12, 1979.

Motschmann, Jens, So nicht, Herr Pfarrer, Berlin-Frankfurt 1991.

Motschmann, Klaus, Mythos Sozialismus, 1990.

Mulack, Christa, Die Weiblichkeit Gottes. Matriarchale Voraussetzungen des Gottesbildes, Stuttgart 1983.

Müller, Michael (Hrsg.), Plädoyer für die Kirche, Aachen 1991.

Neuer, Werner, Mann und Frau in christlicher Sicht, Giessen 1985.

Neumann, Erich, Die grosse Mutter, Olten-Freiburg 1974.

Neumann, Erich, Zur Psychologie des Weiblichen, München 1969.

Ratzinger, Joseph, Die Tochter Zion, Betrachtungen über den Marienglauben der Kirche (Kriterien 44), Einsiedeln 1977

Rosenberg, Alfons, Die Erhebung des Weiblichen. Ordnung und Aufstand der Frau in unserer Zeit, Olten-Freiburg 1959.

Sartre, Jean-Paul, Das Sein und das Nichts, Versuch einer phänomenologischen Ontologie, Hamburg 1962.

Scheffczyk, Leo, Neue Impulse zur Marienverehrung, St. Ottilien 1974.

Schetelig, Horst, Zur Frage der Fremdbetreuung von Säuglingen und Kleinkindern, Sozialpädiatrie II, 23 ff., 1980.

Schroer, Silvia, Gott, Jesus und die Sophia im Neuen Testament, "Bibel heute" 3/1990.

Schüngel-Straumann, Helen, Die göttliche Weisheit in Sprüche 8 und Sirach 24, "Bibel heute" 3/1990.

Schwarzer, Alice, Der kleine Unterschied und seine grossen Folgen, Frankfurt 1977.

Simpfendörfer, Karl, Verlust der Liebe. Mit Simone de Beauvoir in die Abtreibungsgesellschaft, Stein am Rhein 1990.

Sölle, Dorothee, Vater, Macht und Barbarei. Feministische Anfragen an autoritäre Religion, Conc 17, 1981.

Stein, Edith, Die Frau. Ihre Aufgaben nach Natur und Gnade (Werke V), Löwe 1959.

Stern, Karl, Die Flucht vor dem Weib. Zur Pathologie des Zeitgeistes, Salzburg 1968.

Sullerot, Evelyne (Hrsg.), Die Wirklichkeit der Frau, München 1979.

Ziegenaus, Anton, Als Mann und als Frau schuf er sie. Zum sakramentalen Verständnis der geschlechtlichen Differenzierung des Menschen, MThZ 31, München 1980.

WOLFGANG KUHN
Zwischen Tier und Engel
199 Seiten, 27 Abbildungen

Wolfgang Kuhn, Professor für Biologie an der Universität Saarbrücken, ist es ein besonderes Anliegen, im Kampf gegen die materialistischen Ideologien mit erkenntnistheoretischer Schärfe die Zielgerichtetheit und Sinnfülle in der Schöpfung nachzuweisen. Er beschreibt in diesem Buch die Zerstörung des Menschenbildes durch die Biologie: Genmanipulation usw. Ist der Mensch ein "wenig verbesserter Affe" oder ist er die Krone der Schöpfung?

"Es ist gefährlich, den Menschen zu stark merken zu lassen, wie sehr er den Tieren gleicht, ohne ihm seine Grösse zu zeigen" (Blaise Pascal).

GERHARD ADLER
Die Engel des Lichts
Von den Erstlingen der Schöpfung, 160 Seiten

Gott hat den Engeln eine spezielle Mission zugedacht: "Siehe ich sende meinen Engel aus, dass er vor dir hergehe, dich behüte und dich an den Ort führe, den ich bereitet habe" (Ex 23, 20).

Gerhard Adler legt uns hier ein brandaktuelles Buch vor, dass uns die Augen öffnet für die Engel, die Kraft und Schönheit ausstrahlen. Das Buch ist voller Überraschungen und weckt im Leser Staunen, Dankbarkeit und Begeisterung über die Erstlinge der Schöpfung. Der Autor hat uns "ein ausgezeichnetes, von tiefer Glaubenskraft geprägtes Buch geschenkt, dessen viele und schöne farbige Abbildungen den Text begleiten" (H.-P. Göbeler). Es will uns helfen, zu unseren himmlischen Freunden wieder ein vertrauteres Verhältnis zu finden.

CHRISTIANA-VERLAG CH-8260 STEIN AM RHEIN

MANFRED BALKENOHL
Vom Sinn des Lebens
303 Seiten, Paperback, DM 24.-, Fr. 23.-, S 187
Der heute lebende Mensch empfindet sein Dasein häufig als sinnarm oder als sinnleer, selbst unter der Oberfläche beruflicher Tüchtigkeit und sozialer Anerkennung. Er ist in vielfacher Weise in schwere Bedrängnis und in echte Seelennot geraten.
Manfred Balkenohl beantwortet die Lebensfragen unserer Zeit in einer wirklichkeitsnahen und zugleich wissenschaftlich fundierten Weise, dabei immer allgemeinverständlich. Die Entscheidungsfragen des heutigen Lebens, die kritischen Wendepunkte des Lebenslaufes werden ebenso erörtert wie die Bedeutung der Ehe und die Eingliederung des Menschen in das Gefüge der Familie. Die Wurzeln der Lebensangst, der Freude sowie der Liebesfähigkeit sind ebenfalls zentrale Bereiche, die zur Sprache kommen.

HEINRICH REINHARDT
Verwandlung der Sinne
Fünf Wege zu Gott
110 Seiten, 13 Abbildungen, DM 12.-, Fr. 11.-, S 94
"Trinkt Ihr Augen, was die Wimper hält, von dem goldenen Überfluß der Welt!" Diese Worte des Schweizer Dichters Gottfried Keller sind eine Aufforderung an den Menschen, seine fünf Sinne zu schulen, um den Reichtum und die Schönheit der Schöpfung in sich aufzunehmen. Die fünf Sinne sind fünf Fenster zur Welt, die Licht hereinlassen, aber auch fünf Tore zur Welt, die Kontakt schaffen. Letzten Endes sind die fünf Sinne auch die Antenne für das Übersinnliche, für die jenseitige geistige Welt: Sie sind fünf Wege zu Gott.

CHRISTIANA-VERLAG CH-8260 STEIN AM RHEIN

MAX THÜRKAUF
Die Spatzen pfeifen lassen
Geistliches Tagebuch eines Physikers
286 Seiten, 32 Fotos, 30 Abb.,
DM 24.-, Fr. 23.-, S 187
Mit seinem neuesten Buch beweist Max Thürkauf wieder einmal seinen überlegenen Geist und Humor. Schon der Titel ist eine augenzwinkernde Hommage an christliche Lebensweisheit und freudiges Gottvertrauen. Mit Schalk im Nacken stellt der Professor aus Basel die pseudoreligiöse Wissenschaftsgläubigkeit unserer Zeit bloss, ihren dümmlichen Hochmut, ihre Verzagtheit, ihre Griesgrämigkeit. Thürkauf hingegen reaktiviert aufbauende Kräfte, wenn er mit geistlichem Tiefgang zu geistigen Höhenflügen ansetzt, mit einer Sprache, die allein schon ein ästhetisches Erlebnis ist. Ein Buch, das jeden Anspruchsvollen entzücken wird.

ERWIN BERNHARD HEIM
Neuevangelisierung
206 Seiten, 2 Fotos, DM 19.-, Fr. 18.-, S 148
Der deutsche Philosoph Dietrich von Hildebrand nannte die Kirche einen "verwüsteten Weinberg". Ein von Sturmschäden schwer mitgenommener Weinberg muß von Grund auf neu bepflanzt werden. Das ist gemeint, wenn man von Neuevangelisierung spricht.
Das Evangelium, die Frohe Botschaft, die Christus uns gebracht hat, muß zweitausend Jahre später einer neuheidnischen Welt von Grund auf neu verkündet werden. Wie das geschieht, hat Jesus im Gleichnis vom guten Sämann dargelegt. Eine Lektüre, die tröstet und stärkt - man weiss endlich, woran man glaubt. Ein Buch, das den Geist beflügelt, das Kraft gibt und Mut macht.

CHRISTIANA-VERLAG CH-8260 STEIN AM RHEIN